文化驿站 共享空间

杭州社区文化家园建设丛书

和合·上羊市街

张翼飞　吴凌雁　编著

杭州出版社

图书在版编目（CIP）数据

和合·上羊市街 / 张翼飞，吴凌雁编著. -- 杭州 ：
杭州出版社，2020.10
（杭州社区文化家园建设丛书）
ISBN 978-7-5565-1313-0

Ⅰ．①和… Ⅱ．①张… ②吴… Ⅲ．①社区文化－建
设－概况－杭州 Ⅳ．①G127.551

中国版本图书馆CIP数据核字（2020）第153320号

HEHE SHANGYANGSHI JIE

和合·上羊市街

张翼飞　吴凌雁　编著

责任编辑	齐桃丽
美术编辑	祁睿一
出版发行	杭州出版社（杭州市西湖文化广场32号6楼）
	电话：0571-87997719　　邮编：310014
	网址：www.hzcbs.com
排　　版	杭州真凯文化艺术有限公司
印　　刷	浙江全能工艺美术印刷有限公司
开　　本	710 mm × 1000 mm　1/16
字　　数	155千
印　　张	12.75
版 印 次	2020年10月第1版　2020年10月第1次印刷
标准书号	ISBN 978-7-5565-1313-0
定　　价	32.00元

序　言

　　党的十九大报告指出，要"发挥社会主义核心价值观对国民教育、精神文明创建、精神文化产品创作生产传播的引领作用，把社会主义核心价值观融入社会发展各方面，转化为人们的情感认同和行为习惯"；要"满足人民过上美好生活的新期待，必须提供丰富的精神食粮……完善公共文化服务体系，深入实施文化惠民工程，丰富群众性文化活动"；要"打造共建共治共享的社会治理格局……加强社区治理体系建设，推动社会治理重心向基层下移，发挥社会组织作用，实现政府治理和社会调节、居民自治良性互动"；"保证全体人民在共建共享发展中有更多获得感，不断促进人的全面发展"。

　　2017年6月，杭州市文明委下发的《关于开展社区文化家园建设的实施意见》指出："以'文化驿站、共享空间'为定位，以大力培育社区邻里文化、志愿文化、社工文化为重点，坚持政府主导、群众主体和多方参与相结合，充分发挥社区文化家园在活跃社区文化、提升市民素质、促进社区和谐、凝聚社区力量中的重要作用"，"突出思想引领、道德滋养、文明倡导、文化熏陶"。目前，我市社区文化家园建设已从示范创建阶段推进到扩大创建阶段，同时已产生一大批社区文化家园示范推荐点，有越来越多的社区积极构建、规范、创新文化家园，呈现了许多卓有成效的亮点做法和宝贵经验。

2019年4月，首批"杭州社区文化家园建设丛书"（8种）正式出版后，以生动的内容、精美的设计、凝练的经验总结，得到了市领导及各社区的广泛好评，为市民群众提供了深入了解家园、激发热爱家园之情的优秀读物。

开展社区文化家园建设，是贯彻十九大精神，加强社区治理体系建设，实施文化惠民工程，实现以文化人的有效载体；也是新时代背景下满足人民日益增长的美好生活需要，在社区文化建设过程中的直观体现。为了总结经验、展示成果、提炼特色、升华品质，把社会主义核心价值观融入到社区文化建设领域，进一步增强社区居民的文化归属感，进而转化为社区居民的情感认同和行为习惯，拟围绕"小人物，大家庭，新时代"主题思路，再次编写出版一套贴近普通居民的"悦读"文本、展示社区文化家园的精华范本、推广精神文明建设的通俗读本。

　　为深入学习贯彻党的十九大精神，深入贯彻杭州市精神文明建设委员会《关于开展社区文化家园建设的实施意见》精神，加快推进崇德向善、文化厚重、和谐宜居的文明城市建设，不断丰富广大群众的精神文化生活，在成功出版第一辑的基础上，由杭州市文明办与杭州出版集团联合牵头、策划实施"杭州社区文化家园建设丛书"第二辑编写出版项目，再度从首批杭州市社区文化家园示范点等优秀社区中选择上城区紫阳街道上羊市街社区、下城区东新街道新颜苑社区、拱墅区上塘街道蔡马社区、西湖区文新街道湖畔社区和留下街道杨家牌楼社区、萧山区城厢街道休博园社区、余杭区东湖街道茅山社区、富阳区富春街道巨利社区等8个文化家园，分别独立成书，每个社区提炼一两个关键词作为核心主题内容，形成"杭州社区文化家园建设丛书"第二辑。

　　"杭州社区文化家园建设丛书"第二辑，通过精心制作"盆景"来展示社区文化"风景"。杭州社区文化家园建设，既有共性，又有各自的个性。每一个社区的个性，包括其历史文化、人文风情、特色亮点等，经过深入挖掘、精心梳理、巧妙整合、创新设计、用心编写，形成"一社区一品牌，一图书一特色"，这些社区文化家园的"盆景"组合在一起，就形成一道美丽的杭州社区文化家园的"风景"。因而丛书中的各种图书既相互独立，又相互关联，形成一个以"文化统领"为逻辑线的协调的整体。通过精心提炼特色来展示社区文化品牌。每种图书采用"1+X"的形式，对相关素材进行梳理整合。"1"就是该社区"压厢底"的特色和亮点，"X"就是该社区其他值得记录和展示的文化资源，如人文底蕴、文化遗迹、历史文化名人、自我管理方面的典型事例等等。既展示"镇宅之宝"，也展示其他"家珍"，做到主题突出、特色鲜明，同时形象丰满、内容丰富。通过记录"草根"生活来展示社区文化品质。本丛书是"小人物"的"微史记"，撷取社区日常管理和百姓日常生活中打动人心的事件、故事等，体现"大家庭"的温暖和"新时代"的风貌。在图书框架、行文风格、图片选取上努力实现"老百姓讲自己的故事，老邻坊说身边的人物"，让读者获得"微微一笑更倾心"的感觉。

现在，"杭州社区文化家园建设丛书"第二辑与读者见面了，希望有利于进一步推进杭州社区文化家园建设，进一步提高杭州社区文化家园建设水平。

杭州社区文化家园建设丛书编委会

2020年7月

目　录

概　述

　　杭州市上城区上羊市街社区居民委员会成立于1949年10月23日。社区由十八、十九两个保合并而成，大致范围为：东至上羊市街（现地名为江城路），南沿五圣塘、六圣塘至保安桥河下，北至望江门直街（现地名为望江路），西至中山南路（现为中河高架下绿化带）。现地处紫阳街道西北部，东临贴沙河，西至中河南路，北至望江路，南至抚

邻里广场

宁巷，面积0.206平方千米。截至2017年底，社区有常住居民3823户，常住人口9030人，其中老年人1863人，占总人口的20.6%左右。辖区内企事业单位及各商家经营户有400家左右。

上羊市街社区辖区范围内有江南第一豪宅胡雪岩故居和源丰祥茶号旧址（朱智故居）2处市级文物保护单位及当代光学专家蒋筑英纪念馆，有杭城唯一保存至今的古石板路——元宝街，有杭州名校建兰中学，文化底蕴深厚，历史源远流长。

新中国第一个居民委员会入口

上羊市街社区地图

　　2008年6月，上羊市街社区居民委员会被民政部确认为新中国第一个居民委员会（简称"新中国第一居"）。上羊市街社区居民委员会的建立及其经验，是当代社区建设最宝贵的财富。1949年10月23日，上羊市街居民率先废除保甲制，成立"自己当主人，自己来办事"的居民组织，积极开展平抑粮价、稳定市场、治安保卫、调解纠纷、卫生防疫、生产自救和组织群众参加城管城建等一系列工作，为市政府动员了大量的社会资源，增强了政府与居民群众的联系，密切了干群关系，为巩固新政权发挥了重要作用。这是人民民主管理城市的基础，是党领导广大基层干部群众积极探索科学执政、民主执政的一项实践成果。

　　1949—2000年，区域多次拆分重组，但上羊市街居民委员会的名称却一直延用。2000年12月成立新型社区以来，上羊市街社区居民委员会在原有的工作基础上，以建设民主自治、管理有序、服务完善、治

悠长寂寞的元宝街（方蓉蓉　摄）

安良好、环境优美、文明祥和的和谐社区为目标，以"传承历史第一，争创现实第一"为理念，以推进民主自治和保障服务民生为核心，以探索建立"333+X"的新型社区建设发展模式为主线，秉承传统，开拓创新，深入推进和谐社区创建工作，不断提高社区建设水平，全面提升居民生活质量和社区文明程度，努力实现历史和现实的完美交融。

2009年以来，社区先后成立邻里值班室、邻里学苑、邻里大管家等社区协商治理平台。在"邻里"系列的基础上，近年来，上羊市街社区以居民文化需求为导向，以设施建设为基础，以内容建设为核心，以队伍建设为抓手，以机制建设为保障，打造布局合理、功能完备、管理有序的社区邻里文化综合体。

坚持共建共享，打造和合邻里文化大平台。与辖区内胡雪岩故居、尚青书院、中国社区建设展示中心等单位开展文化共建活动，在人流量较多的元宝街建设百米社区文化墙；打造1800平方米的社区邻里天地和120多平方米的社区图书室。

百米文化长廊

邻里公益

　　突出品牌特色，做强和合邻里文化大服务。搭建以邻里文化为主线的邻里学苑，结合传统节日，推出社区春晚及睦邻节两项社区品牌文化节日活动；以上羊市街社区已故年轻主任——杭州市道德模范陈浩、中国最美志愿者周炎珍等为榜样，挖掘辖区内好人好事，弘扬崇善"好家风"。

　　注重多方参与，构建和合邻里文化大体系。发动有专业特长的居民群众，成立15个居民文化社团，每年开展活动360次，包含健康养生、科普体验、手工技能等，受益群众15000人次；提升社工社会工作能力和社区服务意识，开发上羊市街社区文化家园微信公众号，实现社区与居民的有效沟通；原创社区之歌《幸福家园》，深化辖区精神文明建设。

　　在社区党委统领下，以党建为引领，以"传承历史第一，争创现实第一"为目标，推进社区治理机制改革创新。围绕"归位、赋权、激活、增能"八字方针，以"一核多方、居站责清、大众参与、社会联动、协商共治、智慧融合"为特征，打造了"3+X""左邻右舍"服务中心，实行社区网格微治理新模式；社区服务实行"7X"12小时、365

天无休日，社区工作人员实行轮休工作制。近年来，社区党委通过不断探索实践，建设了居委会、业委会、物业等协同治理的红色业联体平台，创建了邻里值班室、邻里园桌会、邻里大管家、邻里110、邻里坊治等"邻里"系列的坊网格居民自治品牌，总结提出了民事民提、民事民议、民事民决、民事民筹、民事民办、民事民评的社区协商"六步工作法"，推动社区建设从"政府本位"向"社会本位"转变，不断提高社区治理水平，努力实现历史和现实的完美交融，取得了显著成效。社区先后荣获全国和谐社区建设示范社区、全国民主法治示范社区、全国综合减灾示范社区、全国创建学习型家庭示范社区、全国社会工作服务示范社区等多项国家级荣誉称号。

2009年"全国和谐社区建设示范社区"荣誉牌

2015年"全国和谐社区建设示范社区"荣誉牌

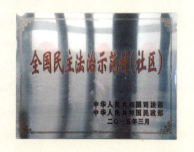

2015年"全国民主法治示范社区"荣誉牌

2018年"四星级杭州市社区文化家园"荣誉牌

第一篇　新中国第一个居民委员会

1949年10月11日，杭州市各区区长联席会议召开，会上作出取消保甲，设立居民委员会的决定。1949年10月23日，上羊市街率先成立上羊市街居民委员会，成为新中国成立后的第一个居民委员会。社区内建有中国社区建设展示中心，是展示中国社区建设情况的重要窗口。

"左邻右舍"社区治理创新园内景

第一节 新中国第一个居民委员会的诞生

上羊市街居民委员会成立后，因不符合1949年12月1日市政府颁布的《杭州市人民政府关于取消保甲制度建立居民委员会的工作指示》中关于户数的要求，于1949年12月20日被拆分为13个居民委员会。1952年市政府调整行政区划，望江路以南部分划给江干区；1997年1月市政府行政区划再次进行调整，望江路以南部分又重新划入上城区。上羊市街居民委员会的名称从1949年一直使用至2000年因建立新的社区居委会而取消。2009年12月21日，在《中华人民共和国城市居民委员会组织法》（简称《城市居民委员会组织法》）颁布20年后，中国社区建设展示中心正式建成开放，中心按照"居馆合一"的理念，把"中国社区建设展示中心"和"新中国第一个居民委员会"合而为一，当时门牌号为金钗袋巷87号。2015年10月23日，由于场馆改动，上羊市街社区中心搬至场馆另一处，门牌号为元宝街1号。

2004年，民政部开始着手《中华人民共和国城市居民委员会组织法》修订调研工作，农村村民委员会这一新生事物是以广西宜州果作屯村委会为代表，那么最早的城市居民委员会到底是什么时候诞生的？在何地诞生？2007年8月，民政部通过新闻媒体向社会发出了公开举证新中国第一个居民委员会的信息。2007年9月9日，民政部在北京召开"新中国第一个居民委员会"问题论证会，经过反复论证，能够证明上羊市街居民委员会符合"新中国第一个居民委员会"的5个确认标准（时间为1949年10月1日新中国成立以后，名称为居民委员会，地域为城

"左邻右舍"社区治理创新园一角

市，组织性质为群众自治，组织结构为民主管理的委员会制），找到了
当代中国城市基层群众自治组织建设的原点或起点。

2008年6月28日，在杭州新侨饭店召开的新中国第一个居民委员会
寻访成果发布会上，北京大学夏学銮教授宣布了专家组的集体意见：杭
州市上城区1949年10月23日成立的上羊市街居民委员会是新中国新一
个居民委员会。2009年7月1日，全国人大常委会委员长吴邦国同志题
写了"新中国第一个居民委员会"的题词。

2008年7月25日，经过社区听证会居民代表表决同意，原来的袁井巷、大狮子巷、金钗袋巷、上羊市街撤并成为上羊市街社区。上羊市街社区确立为"新中国第一个居民委员会"的地位后，社区建设已经成为紫阳街道的一张金名片，通过上羊市街社区展现街道特色工作、展示街道社区建设水平取得了良好的社会效益。

2009年，上羊市街社区创新社区建设与管理方式，摸索"总分总"社区服务及邻里值班室工作模式，通过在袁井巷、金狮苑、云雀苑等设立"总分总"值班点，利用信息化手段，实现多个点的同步视频、音频的交流，形成有实效、可操作、可推广的新的管理、服务模式。

2009年10月19日，国家民政部在江苏苏州举行了盛大的表彰大会，对首批500个获得"全国和谐社区建设示范社区"的社区进行了表彰。有"新中国第一个居民委员会"之称的上羊市街社区名列其中，当时全省只有25个社区获此殊荣。

第二节 一次集思广益的联席会议

1949年10月11日，在杭州市政府会议室举行了一次全市各区区长的联席会议，出席的人员除各区的区长外，还有江华市长、方秘书长、吴副市长等。

这次会议讨论的议题是：（一）取消旧社会遗留的保甲制度，建设新政权的基层组织，请各区先将现存的保甲情况作一个汇报；（二）关于恢复生产建设问题，请大家提供意见，并进行讨论；（三）各区个别需要解决的一些其他问题。

上城区的一位干部说："过去群众有了事情，都要通过保甲来解决，可是，保长站在有钱人的立场上，而且，具体的事多由保干事做。解放了，保干事经过学习改造，思想觉悟有了提高。现在情况就不同了，人民有了问题直接与区政府发生关系，实际上，保甲已不起作用，可以取消。"

他又说："就本区（上城区）范围来说，预定设立13个公安派出所，迄今（1949年10月11日）为止已经设立了8个，但是，目前派出所人员还不够，不少人对工作还不太熟悉。另外，群众对派出所也有个认识过程。如果立即让派出所取代保甲，在目前警政尚未合并时，工作相互配合有些困难。虽说新社会了，甲长起不了什么作用，但是，基层组织尚未完全建立之前，有些工作，例如通知、传达之类的事，还需要靠甲长去做，等以后派出所成立，或派出所工作完备了，我们可以用派出所代替保甲。就眼下的情况，保甲主要负责户籍、交通、卫生等事

务，将来可以用居民委员会代替保甲，或者也可以在区以下设立工作组经办这些事情。"

中城区来的同志说："各区情况不完全相同，就中城区的情况来说，区政府的立场，对于取消保甲不存在问题，但在公安局方面则有点棘手了。就目前状况而论，派出所在区（中城区）内分布偏差太大，全区原有29个保，5个派出所设在9个保内，其余20个保只有横河桥1个派出所。究其原因，由于派出所主要重视交通治安，尚未顾及行政和人口管理这些方面。如果马上取消保长，问题还是在干部的配置方面。我们的意见是，可由市政府先设立个训练班，经费从各区原有保干事的薪给中提出，共有2000万元可敷应用。另外，保甲的反动性不强，暂时可以不取消。"

下城区的人在会上发言说："保长对上面的人阳奉阴违，专庇坏人，因此，保必须取消。但是，在派出所不能代替保，以及在区、局未合并前，因领导不同，区对派出所的直接领导也有些问题。我个人的意见是，在重要街路上，可以由区设办公处以代替'保'，再成立居民委员会或居民小组代替'甲'。保干事由市府统一集训，另由财经学校调用一部分学员充实办事处。"

然后，方秘书长讲话，他说："根据各区的报告，群众已认识到保甲为反动的统治形式，取消保甲的客观条件已经具备，我们目前的工作主要是增强主观条件，使区、局步调一致，组织领导统一。"

吴副市长接着说："我们利用原有的保甲有收获，也有损失，从对群众的影响而言，保甲为敌人统治人民的工具，不论城市、乡村均应一律取消；事实上，保长、甲长已无作用，群众对保长、甲长痛恨；根据我们对全市情况的了解，群众觉悟认识已经提高，主观条件已经具备。在思想上，我们不能再对旧保甲存在依赖思想。至于说如何取消旧保甲制度，首先要造成广泛的舆论基础，争取主动权。我们可以发动一个宣传运动，使每家每户都晓得保甲应该取消，而且，在政治上有充分理由把它取消掉。

"乡村保甲取消后，可组织乡政府，乡政府下面设立居民小组。乡长能选则选，不能选则指派。在城市街道方面，区下设居民委员会，居民委员会下设小组。至于说每家每户如何组织，要视情况而定，只要取消保甲条件成熟的地方，则应立即取消保甲。"

最后，江华市长总结说："在12月底前，所有城郊区保甲制度一律彻底取消，建立居民委员会、居民小组。对保长、甲长、保干事应加以教育改造，争取团结在自己的治理范围内，如保长、甲长、保干事为人

社区工作人员回顾历史，研究在新时代如何提高社区治理水平

正派，为群众拥护的人，我们可以量才用之；一、二、三区居民委员会按派出所分布情形为主，视各地域具体情况由一个或两个、三个保成立一个居民委员会，居民小组则由十五户以上至若干户组织成立。

"居民委员会由若干人组成，须脱离生产并有生活补贴，细则由市府统一规定。村级干部不脱离生产，乡一级可以有脱离生产的专职人员。四区为一部，设居民委员会。一部即设村，各郊区农村设乡，街道设置与城区相同。"

1949年10月23日，在市委作出这个决定仅12天后，上羊市街捷足先登，率先成立了上羊市街居民委员会。

时至2008年，上羊市街居民委员会被民政部确定为新中国成立以后的第一个居民委员会。

（龚玉和/文）

第三节　中国社区建设展示中心

中国社区建设展示中心是国家民政部批准建立，集史料陈列、文物展示、理论研究、文献收藏、社区实务于一体的社区建设专题类博物馆。展示中心位于杭州市上城区清河坊历史文化街区的元宝街1号，紧邻胡雪岩故居，由清朝光绪年间兵部侍郎朱智的故居改建而成，占地面积约5000平方米，于2009年12月21日建成开馆，弥补了我国城市居民委员会和社区建设无专门展示场馆的空白。2012年7月，成立了由部、省、市、区等组成的中国社区建设展示中心管理委员会，并于11月被确定为正处级事业单位，以期中国社区建设展示中心成为中国社区建设的历史课堂、研究基地、实践样板和对外窗口。

中国社区建设展示中心由基层组织历史厅、社区建设发展厅、社

基层组织历史厅

中国社区建设展
示中心总台
————————
社区建设发展厅

社区建设发展厅

区治理成果厅、"左邻右舍"社区治理创新园（新中国第一个居民委员会）四个展区组成，综合采用实物陈列、图板呈现、二维动画、触摸互动查询、趣味模拟游戏等展示手段，全方位展示了我国社区建设的发展历程、历史演进、地方经验、技术融合等方面的总体脉络。

第二篇 以大平台、大服务、大体系
丰富社区文化家园

近年来，上羊市街社区党委始终坚持文化引领，注重传承发展，通过社区文化家园的建设，提升居民存在感、获得感和幸福感。通过文化家园丰富多彩的活动，让居民感受"烟柳画桥，风帘翠幕，参差十万人家"的和谐美好。

2018年，上羊市街社区文化家园荣获了四星级杭州市社区文化家园称号，社区以"建设和合家园，打造和谐社区"为定位，始终把培育和践行社会主义核心价值观放在首位，以居民文化需求为导向，开展丰富多彩的群众性文化活动，促进邻里相识、相知、相助，凝聚社区居民的向心力。

"戊戌闹元宵　欢乐集上羊"元宵集市

第一节　打造和合邻里文化大平台

　　一是拓展社区文化阵地平台。打造了3500平方米的社区文化家园。其中，社区文化中心占地2600多平方米，包含邻里舞台、邻里学苑、邻里天地、祥和家园、彩虹乐园、文化社团孵化基地等空间，为社区各个年龄层次的居民提供各类文化活动场所；社区文化广场占地800多平方米，作为居民日常的社团排练、邻里运动会开展场地等。同时，我们整合了辖区学校活动场所，共享辖区文化资源，丰富居民活动空间。

　　为进一步增添社区的书香氛围，2019年，社区又着重打造了占地

2018年社区春晚

2018年社区春晚

350多平方米的邻里书屋，集图书借阅、电子阅读、读书交流、讲座培训、居民终身教育等功能于一体。

二是提升完善社区文化展示平台。为进一步展示"和合"社区邻里文化，社区打造了元宝街百米文化长廊，集中展示邻里文化风采、邻里公约、邻里好家风、最美人物等内容，定期更换图版，传递社会正能量。

三是构建线上线下相结合的社区文化传播平台。线上，建立微信公众号及短信平台，向居民实时推送社区活动预告，展示社区活动风采和生活常识热点；线下，在阵地内进行周、月活动预告，做到月月有主题、周周有活动、日日有精彩，实现居民线上线下文化传播的无缝对接。

2019年，九九重阳，情谊暖暖

庆祝中国共产
党建立97周年暨
"七一"表彰会
活动

第二节　做强和合邻里文化大服务

一是用情彰显邻里文化品牌。连续多年举办的"邻里文化节"很受居民喜欢，参与度很高，是社区和合邻里文化家园的品牌项目。"邻里文化节"主要围绕邻里的宴、乐、书、技、艺五大板块来体现邻里学、邻里乐、邻里情、邻里助、邻里颂，更展示了邻里的精彩纷呈。其中由居民、邻里文化社团自己承办了十届邻里百家宴、两届社区春晚，特别受居民欢迎，每届参与人数均超过1500人。活动不仅使大家的才艺得到充分展示，更是促进了邻里间的和谐、共助、共享、共治。

二是用心谱写传统节日篇章。社区文化家园以传统节日为纽带，开

邻居节，我们在一起

聚百家凝邻里情
———————
社区元宵节活动

展元宵节、端午节、重阳节、腊八节等活动，传承弘扬传统节日文化，传递亲情、友情、乡情。

三是用学促进国际文化融合。依托中国社区建设展示中心、社区文化家园平台，经常组织社区居民、文化社团与来访的各国友人进行传统文化（如编织、刺绣等）探讨，促进中外文化交流。

四是用爱孵化多元文体社团。文化社团孵化基地孵化出舞蹈、太极、书法、腰鼓等15个文体社团，无偿为居民群众提供演出、培训。同时，还不定期地邀请专业老师给新社团进行指导，提升社区文化队伍的整体水平。

端午旗袍秀

梦回南宋乞巧
共话七夕之夜

第三节　构建和合邻里文化大体系

一是健全社区文化家园领导机制。在社区党委的领导下，成立了文化家园领导小组，同时以购买服务的形式由第三方专职社工团队来负责场地日常管理、培育文化与服务，入驻了多家社会组织，组建了多支志愿者服务团队，为居民开展各类文化活动。

二是规范社区文化家园场地管理机制，确保场所每周开放48小时以上，保障居民活动常态化。

三是完善社区文化家园经费保障机制。采用"居民自筹一点，政府补贴一点，辖区单位赞助一点，社区公益金资助一点"的"四个一"模式，来确保社区文化

书法工作室

"公益联盟·社区营造在行动"志愿者活动

星巴克员工一起行动，关怀社区

编织生活的温度，为特殊群体DIY挂毯

社区青少年俱乐部举行社区青少年幸福成长夏令营活动

家门口的"DO都城"

民间艺术团在邻里舞台上展现自我风采

民间艺术团为庆祝新中国成立七十周年倾情演出

社区一角

家园各项活动的开展。

　　自上羊市街社区文化家园成立以来，先后开展邻里文化活动400多场，服务超过2万人次，接待参观考察团3.6万余人。社区通过文化家园的建设和活动，促进了邻里相识、相知、相交，逐步培育了居民的社区情怀和社区精神，推动了居民积极参与社区协商治理，让这个历史悠久的社区焕发了新的活力，成为一个文明、和谐、开放、包容、有温度的社区，文化家园真正实现了门常开、人常在、活动常新。

　　近年来，社区先后获得全国和谐社区建设示范社区、全国民主法治示范社区、全国邻里示范社区等几十项全国荣誉称号。

第四节　主要文化活动团队

残疾人民间艺术制作中心

近年来，上城区紫阳街道坚持助残扶残理念，在新中国第一个居委会上羊市街社区成立残疾人民间艺术制作中心，积极营造良好的社会氛围，增强残疾人的自信，提升残疾人的社会地位。同时，着力于提高残疾人的生存本领，加大残疾人就业创业的技能培训和扶持力度，拓宽就业渠道，积极探索以集中就业与分散就业为主渠道，自主创业、灵活就

市民参观残疾人民间艺术制作中心

残疾人民间艺术制作中心作品展

业、非正规就业等多形式就业为补充的残疾人就业格局，使广大残疾人积极加入社会，实现自我价值的热情不断高涨。

上羊市街社区残疾人民间艺术制作中心成立于2009年5月，中心集艺术品制作、培训服务、展示交流、文艺创新于一体，拥有扇艺制作、陶艺制作、白瓷釉上彩绘画、折纸艺术和景泰蓝画五项特色艺术，具有鲜明的民间工艺特色和专业技术。中心秉承"带动残疾人就业创业，弘扬优秀艺术瑰宝"的宗旨，先后获得省级残疾人文化艺术示范基地、杭州市"十一五"期间残疾人工作先进集体、上城区十佳社区社会组织、工会就业绿色通道再就业典型示范等多项荣誉称号。在第十五届西博会"2013中国（杭州）工艺美术精品博览会"上，该中心参展作品"西湖十景"紫砂壶和白瓷釉上彩瓷瓶系列双双获得本届博览会银奖。

残疾人民间艺术制作中心搭建了残疾人就业创业平台。一是开展残疾人就业技能培训。中心重视残疾人技能培训，广泛吸纳辖区内残疾人前来学习技术，制作手工艺品，引残疾人士艺术品"登堂入室"，实现自主就业。中心开办至今，开展了多次扇子工艺、景泰蓝画制作培训，组织残疾人手工艺培训23次，社区内外参加培训人员共计580人，通过培训掌握技能的有72人，已基本解决了社区30名残疾人的就业问题。二是运用企业运营模式。中心采用社会企业的运营模式，培训、制作、加工、包装、销售等环节齐备。中心现有稳定残疾艺人12人，负责维持中心的正常运转。同时，还在互联网上专门开辟了"淘宝"功能区，实现商品在线交易。中心成立至今，共售出工艺品扇子5650把、折纸艺术品350余件、景泰蓝画450余幅、紫砂壶460多套，获得销售收入近百万元，有效解决了残疾人就业问题。三是争取相关单位支持与合作。街道先后与有关单位合作，在残疾人民间艺术制作中心增设了杭州市阳光大

2011年4月19日，斐济总统夫人埃迪·考伊拉·奈拉蒂考一行参观上羊市街社区残疾人民间艺术制作中心

制作艺术瓷盘

舞台创业园分园、杭州市残疾人艺术家协会书画培训基地、杭州邮政美协笔会基地，为残疾人民间艺术培训引入专业师资力量。同时，街道还积极争取市、区相关部门的支持，扶持残疾人艺术制作中心的发展。市总工会作为中心景泰蓝画的扶持机构，不仅为中心提供景泰蓝画制作材料，而且还为残疾人制作出的成品提供销路，销售所得一部分用于材料的购买，另一部分则成为中心残疾人的收入。市、区残联对艺术中心的各项事业更是给予了极大的关心和支持。一方面，在艺术制作中心筹办初期，市、区残联就分别给予资金支持，使中心能够正常运作；另一方面，市、区残联通过购买中心制作的艺术品用于召开会议、接待宾客时赠送的礼品，很大程度上扩大了艺术制品的销售渠道。

残疾人民间艺术制作中心搭建了残疾人才艺展示平台。一是参与各类残疾人活动赛事。艺术制作中心纸质作品《三潭印月》还被选送参加杭州礼品设计国际大赛，"西湖十景"紫砂壶出现在西湖博览会上；艺术制作中心参加西湖博物馆"西湖情，姑苏梦"为主题的杭苏两地残疾人"阳光艺术"文创作品联展，充分展现了残疾人自强不息的精神风貌，唤起社会对残疾人事业的关注。二是举办体验活动。近年来，残疾人民间艺术制作中心作为"杭州生活品质市民体验日"体验点，吸引众多参观者前来体验学习，残疾人学员当起艺术指导老师。另外，中心平时会接待国内外参观团体，是对中外游客展示杭州市残疾人事业发展的一扇窗口，同时体现杭州市残疾人独特的艺术追求和自强不息的精神状态。三是运行上城区残疾人"阳光艺术"中心。"阳光艺术"中心由上城区残联精心打造，由残疾人民间艺术制作中心负责具体运作，集文化

景泰蓝风景画作品

艺术作品创作、展示、交流、销售为一体，把残疾人艺术展品转变为艺术商品，让文化艺术创作特长成为他们谋生和创业的手段，将残疾人追求艺术与改善生活相结合，进一步帮助和推动上城区残疾人就业创业，全面展示上城区残疾人独特的艺术追求和自强不息的精神状态。

残疾人民间艺术制作中心搭建了扶残助残平台。一是帮助残疾人融入社会。除了为残疾人搭建创业就业平台外，中心还十分重视残疾人的心理健康，借助各类契机，广泛开展丰富多彩的活动，促使残疾人融入社会。成立以来，中心共举办扶残助残活动50余次，帮助残疾人重塑信心。二是帮助残疾人回馈社会。中心专门设立"爱心角"，"爱心角"内陈列各种爱心商品，旨在呼唤、见证和传递爱心。爱心商品有创作者估价形成的指导价作为参考，想要奉献爱心的人可以以任意价格购得爱心商品。每件爱心作品除去必要成本外，售卖所得将全部注入阳光艺术助残爱心基金，用于扶持残疾人就业创业和特殊困难救助。中心定期举办"大手拉小手"艺术品义卖活动，将残疾人亲手制作的艺术品义卖所得，捐助给残疾儿童和困难儿童。同时，中心还经常组织艺术骨干沈元炎老师作为扶残助残志愿者到特殊学校为残疾儿童展示折纸技术，献出属于残疾人的一片爱心。

芳华园模特队

芳华园模特队成立于2016年9月，是一支极富艺术创造力和实践能力的队伍，有固定成员42人，流动学员也非常多。负责人章芳华气质优雅、身材高挑，整个人神采奕奕，而且虚心学习，坚持活到老学到老，2019年10月考取了高级模特艺术培训师职业技能证书。她带领许多中老年模特爱好者实现了自己的梦想，走出了自己的风采。该团队以提升

芳华园模特队

个人气质为主，辅以丰富退休生活，曾参加杭州市老年促进会的多项演出，以及社区的演出和慈善机构的演出。在平时训练中，只要她们放起音乐，走起模特步，周围定会有行人驻足观看，还有很多人给她们拍照留影。

金色民乐艺术团

每逢周一和周四，在"左邻右舍"社区治理创新园都会上演一场由金色民乐艺术团带来的音乐盛宴。气势磅礴的音符，催人奋起的乐章，优美激扬的旋律，使众多社区居民听得如痴如醉。金色民乐艺术团的队员大部分都来自上羊市街社区，他们都是音乐的爱好者，现在都已是享受天伦的年龄，聚到一起，完全是凭着队员们对民族音乐的满腔热情。

金色民乐艺术团演奏现场

民乐艺术团自成立以来，每个队员都有很强的自觉性，平时排练几乎没人迟到或早退，更别说是缺席了，就算偶尔有特殊情况都会提前请假。他们也积极参加各种公益活动，社区春晚、中秋活动中，经常能看到金色民乐艺术团的身影。

欢聚一堂歌唱团

欢聚一堂是一支由退休人员组成的歌唱团队，主要负责人是俞巧红和吴虹。团队能人辈出，别看他们一个个有一定年纪，但是只要一唱起歌，他们挺拔自信的身影，相信足以让许多年轻人都自叹不如。他们的一颦一笑都透着优雅、大方，跟他们待在一起，感受到的只有年轻与活力，丝毫不觉得年老沉闷。这支合唱团队的队员们每个人都生机勃勃，

欢聚一堂歌唱团

笑容满面，不输年轻人分毫。他们纵情歌唱，唤起了青春的活力，唱出了愉快的心情！这是一个热爱音乐、充满活力，并且想让更多的人喜欢音乐的团队！

墨韵尚阳书画交流社

因爱好而相识，因书画而结缘，一群爱好诗、书、画的人，每周二来到墨韵尚阳书画交流社一起聊侃、点评作品。在这里相聚，已经成为交流社成员们生活中的重要一部分。日常活动的时候，风格独特的草书、古朴的篆书和隶书、各类大气的国画作品，一一展现在居民的眼前。

成员们围在一起，一幅幅切磋，一笔笔评论，一起钻研，相互之

墨韵尚阳书画交流社

间已形成了信任和默契。"即便是刮风下雨，只要是到了活动的日子，除了特殊情况，绝对无人迟到，更不要说缺席了。"成员们对于书画的真诚热爱感动了许多人，越来越多的有识之士、书画爱好者不断地加入进来。

第五节　丰富多彩的群众文化活动

社区文化家园组织居民参加社区自行开展的丰富多彩的群众性文化活动。为提高小区居民的身体素质和丰富居民的文体生活，开展了各项传统节日活动，如春节、元宵节、妇女节、端午节、中秋节等各具特色的活动，尤其是邻居节百家宴，在社区的协助下，居民自发自办，每年参与人数近1000人。2018年以来，共开展了70余场活动，参与人次达2万余人，接待参观人次达4万余人，其中还接待了来自菲律宾和非洲的国际友人进行文化交流。

社区文化家园组织青少年开展丰富多彩的校外教育活动。为了丰富社区未成年人的假期生活，2018年以来，社区共组织了科普活动——水质检测、穿针引线之小小魔术师、AR体感互动式安全教育、禁毒讲座、马勺绘画、传承非遗文化之捏泥人、聆听杭州故事、送给你的入学礼、出彩少年派青少年成长夏令营、少年进军营添彩中国梦等各具特色的活动30多场，达到了小区未成年人玩得开心、家长放心、社区安心的目标。

社区文化家园组织开展各项文化惠民活动。结合社区老年人多的特点，为老年人提供专项惠民服务。2018年以来，社区共组织了20多场便民服务，其中理发、磨剪刀深受老年朋友的喜爱；开展了20多场健康讲座，针对不同季节的进补、老年人需要注意的健康事项等方面邀请专家来为老年人开课；同时为一些有需要的老年人提供上门理发、量血压等服务，以有温度的服务打造有温度的社区。

2017年紫阳街道上羊市街社区文体活动记录

活动时间	2017.7.10	活动名称	消防知识大比拼
参加人数	50人	活动地点	抚宁巷小学
活动内容	\multicolumn{3}{l}{　　7月10日上午，抚宁巷小学操场上人声鼎沸——这里正在举行上羊市街社区消防疏散灭火实战大比拼。由社区工作人员、望江路农贸市场工作人员、物业负责人、辖区居民、学校学生等组成的各支参赛队伍都整装待发，跃跃欲试。 　　演练一开始，上城区消防中队指导员向在场人员详细讲解消防安全知识和必备技能，示范消防水带、灭火器等器材的操作。短短一分钟时间里，消防队员们一气呵成地完成了使用消防水带"铺、连、接、喷"四个步骤。"哇，消防员叔叔好厉害！"在场的孩子们看得目瞪口呆，为他们快速熟练的动作惊叹不已。 　　接下来，灭火器演练小组在消防中队指导员的指导下依次进行灭火器使用演练。别看在台下时觉得灭火器使用步骤简单，一上场就能发现不少问题，有的没拉开保险环就想启动灭火器，有的喷管没拿稳导致扳动开关后干粉四处乱喷，还有的离起火点太远导致灭火器不能有效工作。"实际操作往往比培训讲座更容易发现问题，也能更好地帮助大家掌握使用干粉灭火器的正确方法，这次演练算是为各位敲响警钟。"指导员最后对各组的表现一一进行了点评，并表扬了操作规范、动作迅速的小组。 　　此次消防大比武旨在面向社区居民、辖区单位和学校，加强消防安全技能知识普及，提升消防安全意识，杜绝消防安全隐患，共同建设平安社区和美好家园。}		
照　片			

2017年紫阳街道上羊市街社区文体活动记录

活动时间	2017.7.11	活动名称	巧手制作低碳玩具
参加人数	15人	活动地点	邻里学苑
活动内容	"老师，你看，我做的车子动了！"邻里学苑里童声阵阵，热闹非凡。原来，社区组织了一次"巧手制作低碳玩具"的活动，让孩子们自己动手制作低碳玩具——橡皮筋手工动力车。 　　这次趣味课堂由来自杭州市低碳科技馆的吕老师主讲。吕老师向孩子们详细讲授了橡皮筋手工动力车的工作原理和制作流程。原来这玩具车靠的是橡皮筋收缩后的拉力来转动螺旋桨，从而产生向前的推力前进的。"老师，飞机是不是就是这样跑的呀？""老师，为什么螺旋桨转了就能推动车子？"台下孩子们看得聚精会神，还时不时向老师提问。 　　讲解完毕后，轮到孩子们动手了。他们照着说明书，一个零件一个零件地拼装起来，有的还东张西望，看看别人是怎么装的，自己便依样画葫芦地装起来。不一会儿，一辆辆手工玩具车便做好了。大家转动螺旋桨，收紧橡皮筋，开始验收自己的劳动成果。 　　"孩子们，你们看，就算不用电，我们也能做出好玩的玩具来。希望以后大家节约资源和能源，为保护环境、减少污染作出你们特殊的贡献！"此次活动向孩子们传达了绿色环保、低碳生活的理念，在趣味的手工制作中学习知识，家长们一致认为这样的活动孩子们应该多多参加。		
照　　片			

2017年紫阳街道上羊市街社区文体活动记录

活动时间	2017.7.13	活动名称	团扇彩绘中国梦
参加人数	20人	活动地点	邻里学苑
活动内容	正值烈日炎夏，邻里学苑里的小朋友们正全神贯注地在团扇上绘图案。原来他们正在参加"团扇彩绘中国梦"的主题活动，通过在扇子上绘图来表达他们心中的中国梦。 　　老师给孩子们发下了绘图用的白色团扇，详细讲解了团扇彩绘的流程和注意事项。孩子们拿着画笔早已迫不及待了，还没等老师说开始，小朋友们就自己动手配颜料了。他们把脑海里的场景用画笔描绘了出来：有的画了自己和父母一起快乐生活的场面；有的画了蓝天白云、青山绿水，表达了美化环境的美好愿望；有的画了高楼矗立的"水泥森林"，反映了孩子对城市生活的看法和感受。每一把团扇的图案各不相同，孩子们的奇思妙想得到充分发挥。 　　"这把扇子画得不错，荷塘上有蜻蜓点水，栩栩如生，很棒！"老师表扬了心灵手巧的小朋友，希望他们再接再厉。通过这次活动，孩子们不仅感受到了传统艺术历久弥新的无穷魅力，更是培养了他们热爱家乡、爱护家园的精神，活动受到了家长和孩子们的一致好评。		
照　　片			

2018年紫阳街道上羊市街社区文体活动记录

活动时间	2018.1.21	活动名称	美味腊八　暖心在线
参加人数	200人	活动地点	社区
活动内容	每年农历的十二月俗称腊月，十二月初八即腊八节，习惯上称作腊八。腊八节在我国有着悠久的传统和历史，在这一天做腊八粥、喝腊八粥是全国各地老百姓最传统也是最讲究的习俗。 　　1月21日上午，上羊市街社区与千年古刹——灵隐寺合作，既有灵隐寺的大师现场教做腊八粥，又为辖区居民送上美味又暖心的腊八粥，共同庆祝佳节。灵隐寺的大师从腊八粥的来历、选料、煮法、时间等等方面讲述经验，并现场演示，居民们围着大师，心里默念着煮腊八粥的要点技巧。"今天学到这些，我就能在腊八那天煮腊八粥给家人喝了！"一位阿姨高兴地说道。 　　紧接着，以社区为点派发腊八粥，居民们都自动自觉地排起了队伍。同时社区工作人员和志愿者们将一份份热乎乎的腊八粥送到高龄老人、派出所民警、辖区单位人员的手里，向他们表达节日的祝福。"阿姨，你好！我们来送腊八粥啦！""谢谢！这腊八粥啊，熬得比我家里煮的都好喝，很香甜！你们辛苦了！"居民们对腊八粥赞不绝口，向社区工作人员表示感谢。		
照　　片			

2018年紫阳街道上羊市街社区文体活动记录

活动时间	2018.2.6	活动名称	邻里齐聚欢乐颂　五彩盛宴迎戊戌
参加人数	200人	活动地点	社区

活动内容	2月6日，"左邻右舍"装扮一新，人来人往，洋溢着浓浓的节日气氛——这里正在举办第二届"新中国第一居委会社区春晚"。此次春晚邀请了上城区委常委、宣传部长范卫东，紫阳街道党工委副书记李典顺，紫阳街道办事处宣传委员汪菁，原中国社区建设展示中心主任马丽华等领导出席，与社区居民一道庆祝即将到来的新春佳节。 　　五个展示体验区也热闹非凡，大朋友、小朋友们围着老师学习功夫，准备大展身手。第二篇章——"乐"享盛会庆新年正在上演。翰墨书香园体验区，书法老师挥墨写"福"，居民朋友们感受书画的魅力，并自己书写，把"福"带回家。花样手工团队展示着他们的作品，邀请居民参加现场体验DIY编织一条手链送给家人，满满都是心意。而在另一边是浓浓的亲子氛围，亲子小时光带领他们玩转神奇热缩片、亲手制作蛋挞和纸杯蛋糕，童言童语，笑声不断，共度一段悠闲时光。 　　在一段由爱馨互助会的朋友们带来的震撼人心的非洲鼓声中，第三篇章——歌"颂"新春共展望正式拉开序幕，由居民自发编排的精彩节目逐一亮相。生动活泼的肚皮舞、悦耳动听的社工女声独唱、轻雅空灵的瓶子独奏等丰富多彩的文艺表演引得台下观众连连叫好；知识竞答、幸福接线等小游戏环节不仅趣味盎然，更是寓教于乐，向广大居民宣传与他们生活息息相关的各项政策。在精彩纷呈的节目过后，社区里的青年志愿者们还为居民奉上"五彩饺子宴"，居民们开心地吃着饺子话着家常，相互送上新春祝福。"咦，今年的饺子有五个颜色？""这是专门准备的五福饺子，寓意来年五福临门。"社区工作人员回道。

照　　片	

2018年紫阳街道上羊市街社区文体活动记录

活动时间	2018.2.12	活动名称	红领巾助力"五水共治"
参加人数	40人	活动地点	社区
活动内容	春节将至，贴沙河边有一群红领巾正在听着社区贴心城管的大哥哥讲述"五水共治"的小故事。这群小志愿者延续了2017年暑假的巡河行动，在寒冷的假期中，又展开了保护贴沙河的捡垃圾行动。 　红领巾们沿着河边一路巡查，最小的才上一年级，但是他们都积极地去捡河边的垃圾，让垃圾不再飘到河里，污染河流。"我家就住在旁边，这条河现在越来越干净清澈了。以后我还要继续参加这一行动，保护贴沙河。"一位小红领巾说道。 　通过持续的活动，将"五水共治"的意义传递下去，小手拉大手，红领巾们用实际行动为"保护美丽家园"贡献自己的一份力量。		
照　　片			

2018年紫阳街道上羊市街社区文体活动记录

活动时间	2018.6.26	活动名称	不忘初心　砥砺前行 上羊市街社区举行庆祝建党97周年暨 "七一"表彰大会
参加人数	100人	活动地点	"左邻右舍"
活动内容				2018年是建党97周年，也是全面贯彻党的十九大精神的开局之年。为纪念党的生日，回顾党的光辉历程和伟大成就，激发全体党员的历史责任感，激励广大党员站位新时代，不忘初心、牢记使命、坚定信仰，上城区紫阳街道上羊市街社区党委于6月26日在邻里舞台举办了隆重的庆"七一"表彰大会。本次活动深入贯彻落实党的十九大和习近平总书记系列讲话精神，以"廉洁、先锋、奋斗"为主题，分为"入党宣誓""先进表彰""单位共建""文艺汇演"四个篇章。 　　不忘初心，永葆党员清正廉洁本色。表彰大会一开始，社区老干部李心亭为大家讲述了自己的入党故事和成长历程。不忘初心，发挥党员先锋模范作用。表彰环节主要是对2017年度社区先锋团队、优秀党员进行表彰和颁发证书。不忘初心，用奋斗谱写社区新篇章。表彰大会现场，我们还看到了一个熟面孔，来自紫阳街道彩霞岭社区的"活雷锋"——老党员何阿奎。曾获杭州市劳动模范、入选过浙江好人榜的他在大会上缓缓讲述了自己的入党故事，以及入党前后直至退休还始终如一地无私奉献的经历。他说，自己深深记得"活到老学到老，为人民服务到老"的入党誓言，自己有一颗闲不住的心，一双管不住的手，只要居民需要他，他就在公益这条路上一直不退休。 　　最后，表彰大会在各支部党员带来的自编自导自演的文艺汇演中落下帷幕，独唱、诗歌朗诵、笛子独奏等节目洋溢着对党和祖国的热爱之情。
照　　片				

2018年紫阳街道上羊市街社区文体活动记录

活动时间	2018.9.20	活动名称	"针到病除——膝关节骨性关节炎"科普讲座
参加人数	20人	活动地点	邻里学苑
活动内容			为进一步向广大老年朋友们普及骨科健康知识，9月20日上午，在2018年全国科普日暨第32届科普宣传周之际，上羊市街社区组织辖区内的老年人在邻里学苑开展了一场"针到病除——膝关节骨性关节炎"科普讲座。 　　现场，浙江医院针灸科邱鹏飞医师通过通俗易懂的语言，就骨关节炎的定义与临床表现、膝关节骨性关节炎的表现、关节炎的保护要点等方面进行了详细的讲解。同时，邱医生还提醒老年朋友，在平时的生活中要适量运动、合理膳食、保持良好心态，这样才能获得健康的身体。讲座现场，邱医生还和老年朋友们进行针灸保健的互动，对大家提出的种种问题，逐一回答与讲解，赢得了老年朋友的一致好评。 　　通过此次讲座，提高了老年人对骨关节炎的保健意识，更激发了老年人关爱自己、关爱健康的意识。
照　　片			

2019年紫阳街道上羊市街社区文体活动记录

活动时间	2019.1.26	活动名称	注意力提升
参加人数	30人	活动地点	邻里学苑
活动内容			

活动内容：

  1月26日上午，上羊市街社区在邻里学苑开展了一场关于注意力提升的讲座。在这个活动中，参与进来的小孩大多属于低年龄段，正处于注意力不太集中，并在不断探索和努力提升注意力的时期。这次讲座十分符合该年龄段的儿童，给他们的成长带来了很大的影响。

  讲座一开始还有学生在走神，或者是干一些别的事情，但是随着讲解的深入，越来越多的人专心听课，认真回答问题。最后，讲座在专注之中不知不觉地结束了，孩子们从中获益匪浅。社区很希望这次讲座有助于孩子们日后的学习生活；主讲老师也是倾其所能，希望能真正帮到孩子们，帮助他们提升注意力、提升自我。

照片：

2019年紫阳街道上羊市街社区文体活动记录

活动时间	2019.1.27	活动名称	心肺复苏急救
参加人数	40人	活动地点	邻里学苑
活动内容	随着杭城最近越来越重视人生安全和急救知识，顺应这种大潮流，1月27日上午，上羊市街社区在邻里学苑举办了一场有关心肺复苏急救的讲座，来自社区的30位青少年参与了本次活动。 　　主讲的周老师来自上城区匠心课堂，他为同学们带来了一场可以应不时之需的救命讲座。周老师先是通过PPT的形式简单介绍了一下心肺复苏的重要步骤和细节，然后带领同学们通过对假人做心肺复苏的方式操作演练，以生动有趣的形式传授了人生的必修课。这次讲座的主要目的是让急救知识在青少年中开展普及，让更多人了解急救知识，加强人们对心肺复苏的认识，使人们能在危急时刻对他人进行救援，等待医护人员的到来，挽救一条条鲜活的生命。		
照　　片			

2019年紫阳街道上羊市街社区文体活动记录

活动时间	2019.1.28	活动名称	年在一起　让爱团圆
参加人数	200人	活动地点	社区
活动内容	1月28日，农历十二月二十三日小年夜，在这个团圆日子，"左邻右舍"装扮一新，人来人往，洋溢着浓浓的节日气氛——这里正在举办"年在一起　让爱团圆"为主题的第三届"新中国第一居委会社区春晚"，庆迎新年。 　　邻里学苑内，小年夜的民俗体验集市开始了，吉星高"照"、五福临门、"福"送万家、鸿运当头、"猪"圆玉润五个体验区新春祝福满满，一张张洋溢着幸福的笑脸新年照，一幅幅年味十足的窗花、对联、福字，一个个精致漂亮的发饰，一杯杯新鲜出炉的奶茶……大家笑声不断，共度一段悠闲时光。 　　在一段喜气洋洋的民乐声中，联欢会在邻里舞台正式拉开序幕。随后，居民自发编排的精彩节目逐一亮相。动感十足的非洲鼓独奏、婉转悦耳的戏曲演唱、激情昂扬的诗歌朗诵等丰富多彩的文艺表演引得台下观众连连叫好；小游戏环节趣味盎然，居民朋友们积极踊跃；压轴戏歌伴舞《走进新时代》，表达了居民对社区生活的美好憧憬和积极投身社区事务的强烈愿望，为晚会画上了一个圆满的句号。		
照　片			

2019年紫阳街道上羊市街社区文体活动记录

活动时间	2019.1.30	活动名称	新春写福
参加人数	20人	活动地点	社区
活动内容	1月30日上午，上羊市街社区邻里学苑里开展了新春写福活动，许多小朋友都来参加了。本次活动主要由小朋友们自发创作，小朋友们自己发挥想象力在传统的福字上有所创新，加入了猪年的风味，许多小朋友画了猪在福字周围，让人眼前一亮，十分具有创造力。在写完福字之后，小朋友们又在邹书记的带领下到附近老人家中去走访，送上写好的福字并送上祝福。虽然写的不是大师级别的，但是其中却饱含了小朋友们对老人们的关爱。在收到孩子们写的福字后，老人们很高兴，纷纷表示感谢。看着孩子们和老人们开心的笑脸，让人十分暖心。在送完最后一张福字后，小朋友们意犹未尽，不停感叹："可惜少写了些。" 这次活动不仅表现出了孩子们对老人的关怀，也是中华传统文化的传承。在一次次活动之中，我们将传统节日文化一代代传承下去。在孩子们的欢声笑语之中，活动圆满落幕。			
照 片			

2019年紫阳街道上羊市街社区文体活动记录

活动时间	2019.5.10	活动名称	自护自救避灾险　消防演练保平安
参加人数	100人	活动地点	抚宁巷小学
活动内容			2019年5月12日是第十一个"防灾减灾日"，这次的主题是"提高灾害防治能力，构筑生命安全防线"。2019年5月10日，在"防灾减灾日"来临之前，上羊市街社区社工联手抚宁巷小学，开展消防应急演练、自护自救活动。 　　随着火警警报的响起，学校应急疏散演练指挥部总指挥下达了"教学楼发生火灾，请同学们立即撤离"的命令。紧接着，各班班主任老师迅速到达自己的班，协助上课老师一起组织学生疏散，其他老师、社工也在第一时间赶到自己当时所在楼层拐角处配合疏散学生。各班学生在老师们的指挥下，弯着腰，猫着步，用手帕、毛巾等捂住口鼻，沿着学校指定楼梯口快速前进，有序撤离到学校操场的安全地带。 　　随后，消防队长给全体师生详细讲解了灭火器的使用方法，并现场进行了演示，同时邀请了部分老师和学生上台体验使用灭火器灭火的过程；最后对学生强调，一旦身边发生突发事件，要沉着应对，做好及时报告和安全逃生工作，有效掌握在危险环境中迅速逃生、自救、互救的基本方法，切实提高抵御和应对紧急突发事件的能力。 　　通过这次消防应急疏散演练活动，师生提高了应急逃生的安全意识，学生掌握了遇到突发事故时自护自救的基本要领，达到了预定目的。
照　　片			

2019年紫阳街道上羊市街社区文体活动记录

活动时间	2019.5.24	活动名称	防踩踏应急安全科普体验课程
参加人数	80人	活动地点	抚宁巷小学
活动内容			为让学生了解防拥挤踩踏的安全知识，了解踩踏事件产生的原因，懂得怎样预防踩踏事件的产生，遇到踩踏事件中的伤者怎么办，提高学生紧急避险、自救自护的能力，5月24日下午，上羊市街社区联合咸亨公司，在抚宁巷小学四楼阶梯教室，为三年级学生开展了校园防踩踏安全教育主题的讲座。 　　老师以事故案例加深学生对踩踏事件的认知，给学生详细讲解如何预防踩踏事故的发生；万一发生踩踏事故时，应掌握的安全逃生技能和具体逃生要求。老师边讲解边示范，教给孩子们在拥挤、踩踏等紧急情况下如何最大限度地保护自己，降低自己受到伤害的方法。学生边学习边模仿，熟练掌握了双手交叉抱头、屈膝侧卧和左手握右手手腕撑于胸前等自救姿势。同时，通过学校和班级QQ群提示家长，在公共场所要注意防踩踏事故发生。 　　通过一系列的教育活动，学生们对防踩踏事故的重视和安全防范意识进一步提高了，自我保护和自救、互救技能增强了，有利于养成文明有序上下楼梯的良好行为习惯。
照　　片			

2019年紫阳街道上羊市街社区文体活动记录

活动时间	2019.5.28	活动名称	党建引领垃圾分类　携手直运公司共建共联
参加人数	100人	活动地点	社区
活动内容			

<table>
<tr><td>活动时间</td><td>2019.5.28</td><td>活动名称</td><td colspan="2">党建引领垃圾分类　携手直运公司共建共联</td></tr>
<tr><td>参加人数</td><td>100人</td><td>活动地点</td><td colspan="2">社区</td></tr>
<tr><td>活动内容</td><td colspan="4">

　　为深入贯彻落实党的十九大精神，发挥党建引领作用，进一步加深垃圾分类业务的开展，5月28日下午，上羊市街社区与杭州环境集团直运一公司在邻里舞台举行了"党建引领垃圾分类　携手直运公司共建共享"活动启动仪式。此次仪式邀请了杭州市环境集团第七党支部书记罗振华、上羊市街社区书记邹紫娟，以及天禹公司与社区党员志愿者们来共同见证这个重要的时刻。

　　首先，双方领导为本次共建活动致辞，表达了对垃圾分类、携手共建的愿景。紧接着，开启了启动仪式，在两位领导手印按下的一刻，上羊市街社区与直运一公司的垃圾分类共建活动正式启动，之后向杭州环境集团直运一公司授予垃圾分类聘书。在受聘的分类督导员代表发言中，我们感受到了他们对垃圾分类认真负责的态度。仪式最后，在志愿者代表宣读完垃圾分类行动志愿服务倡议书后，垃圾分类志愿者队伍正式成立，志愿者们立志为社区的垃圾分类事业奉献自己的一份力量。

　　在接下来的日子里，我们会与直运一公司不断开展垃圾分类共建活动。例如垃圾分类宣传、参观天子岭生活垃圾卫生填埋场和九峰焚烧场、党课教育学习等活动，让垃圾分类深入到每个居民的心中，让所有人成为垃圾分类的参与者，让我们的城市环境更加整洁美好。

</td></tr>
<tr><td>照　片</td><td colspan="4">

</td></tr>
</table>

2019年紫阳街道上羊市街社区文体活动记录

活动时间	2019.6.2	活动名称	幸福进万家　端午"粽"有情
参加人数	100人	活动地点	社区
活动内容			临近农历五月初五端午节，6月2日上午，上羊市街社区联合FM95浙江财富广播电台举办了"幸福进万家　端午'粽'有情"为主题的活动。现场包粽子大赛中，各位选手大显身手，多才多艺的居民还为大家带来了丰富多彩的节目表演。活动历时一个半小时，大家沉浸在欢乐的海洋里。 包粽子比赛是本次活动的重头戏，受到了社区居民的追捧。在规定的时间内，谁最快包好三个粽子谁就胜出。男女老少齐上场，大家踊跃参与比赛，妈妈们都带上了孩子，她们说让孩子感受传统节日的气氛，社区举办这样的活动很有意义。 精彩的节目轮番上演，居民们自发排练的节目，小组唱、舞蹈、模特表演等等，展现了他们嘹亮的歌喉、曼妙的舞姿，为观众带来一场视觉盛宴。 此次活动不仅传承了传统文化，更拉近了居民之间的距离，促进了邻里和谐，让居民朋友们一起度过了一个浓情难忘的端午节！
照　　片			

第三篇 "邻里"系列工作特色卓有成效

上羊市街社区党委结合社区治理创新园的打造，按照省、市、区委组织部"和合文化"建设要求，引入和合文化元素，发挥社区党委政治引领作用，整合两新组织党委、辖区单位党组织共同打造"和合家园"党群共同体，探索"党建+社区治理"的新路子。除此之外，还提倡居民自治和社区多元主体参与社区治理等新模式，努力争当新时代基层社区治理排头兵。

邻里舞台

第一节　和合家园：探索"党建＋社区治理"的新路子

近年来，紫阳街道上羊市街社区党委以区域化党建为引领，以智慧党建、网格党建为抓手，以服务型党组织建设为目标，将社区党建工作与社区治理相结合，积极构建"党委统领、政府负责、社区协同、党群参与"的党建模式，先后创建了"和合家园"党群共同体、"家园义工"等党建特色品牌，探索出"党建＋社区治理"的新路子。

一、以区域化党建为引领，实现共建共享"零障碍"

一是打造"和合家园"党群共同体。社区党委结合社区治理创新园的打造，按照省、市、区委组织部"和合文化"建设要求，引入"和合文化"元素，发挥社区党委政治引领作用，整合两新组织党委、辖区单位党组织共同打造"和合家园"党群共同体，内设邻里和合服务、邻里和合舞台、邻里和合学苑、邻里和合天地、邻里和合食堂五大功能区块。通过"月坛季会"联系机制、党员积分管理机制、"你点我来"服务机制、"邻里圆桌"商议机制、文化共建活动机制等五项党建共建机制，促进辖区资源共享、信息互通、工作同步、目标同向，实现家庭和睦、邻里和谐、工作和顺、生活和美的建设目标。该工程于2015年10月完工启用，先后接待中组部和省、市委组织部等多批次领导参观调研，受到肯定认可。

二是组建"家园义工"团队。上羊市街社区党委积极整合辖区党组

邻里客厅

织资源，充分发挥在职党员作用，把"党组织"建在业委会，建在物业，建在楼道里。在党组织的带领下，"家园义工"团队以庭院、楼道、家庭为阵地，推出"家园义工"特色服务。通过在职党员自愿担任"义工"，无偿为辖区居民提供志愿服务。2019年，"家园义工"团队共开展"周末家庭日""家园清洁日"主题服务活动20余次，"家园活动日"大型广场服务活动6次。同时，"家园义工"团队带头加入平安巡防、护河巡河、拆违整治等重点工作中，在"三改一拆""五水共治"等工作中发挥了明显的带头作用，共参与劝阻新违建12处。

三是借势社会组织服务中心党支部。社区党委借势借力上城区在社区治理创新园建立的"上城区社会组织服务中心党支部"，充分发挥社区、社会组织、社会工作者三位一体的"三社联动"创新集群中心优势，加强党建元素和氛围融入。积极开展党员公益众筹项目，以"微心愿"接力的形式开展公益扶困。目前，已开展"义仓义集""G20党员英语角""开放式空间——我的家园我设计"等公益众筹项目10余

"左邻右舍"社区治理创新园

项，开展"党员先锋岗""传承红色经典，汇聚志愿力量""家园传帮带""党员随手公益"等一系列特色活动30余场，组织党员参加智能手机学习小组、"学点ABC，服务G20"等特色活动12期，引导和激发了社会组织参与社区党建共建活动的积极性，培育和壮大了社会组织党建力量，进一步壮大了区域化党建格局。

二、以智慧党建为抓手，实现党员管理服务"零缝隙"

一是用好"红芯"党员积分管理系统。上羊市街社区党委依托"红芯"党员积分管理，建立起党员表现的"晴雨表"，不仅让党组织管理"严"起来，而且让组织方式也"活"起来。社区党委根据系统每半年的考评成绩，给党员发出"三单"，给四星级、五星级党员发出红色表扬单进行鼓励，给二星级、三星级党员发出蓝色通知单进行预警，给一星级党员发出黄色警示单进行严重警告。同时，社区党委根据党员实际情况，特别是针对在职党员不能及时参加组织活动（固定活动日），设计了线上线下、集中与分散的参与形式，设置社区党员服务流动岗，以"红色菜单"列出30余项社区服务微项目，形成党员常态化志愿社区服务模式，充分调动党员参与公益活动的积极性，使社区党员在社区邻里间有用武之地。

二是用活"民情E点通"App和平安"365"三级联动平台。"民情E点通"是上城区委研发的集教育、管理、服务履职于一体的手机App平台。上羊市街社区党委落实专人将社区党建情况、党建动态、民主评议情况、党建责任清单、党建责任履职情况及时公布在"民情E点通"上，公开接受群众代表评议和监督。利用其便捷、高效、实时、互动特点，落实社区党委书记党建责任制、发起微心愿接力、举办圈子活动等。2016年以来，通过"民情E点通"App平台举办圈子活动60余次，发布微心愿100余条，认领率达80%，参与党员2500余人次。社区党委不仅通过用好"民情E点通"App平台落实基层党建责任情况，还吸引了新华社、浙江"党建好声音"等媒体的关注。平安"365"三级联动平台为居民群众提供了高效便捷的服务，提高了职能部门为民解困的办事效

邻里话坊

邻里乐园

率，得到了居民群众的高度认可。

三是用足网络信息平台。为了方便党员管理与服务，社区党员充分利用社区网站、QQ、微信、微博等网络信息平台，如在社区网站上专门设置"党员之家"栏目，下设"相关政策""社工党员承诺书""视频学习"，开辟网上党校，将名师经典党课视频资料上传，实现"视频党课"。开通党建微博，主动听取群众意见，自觉接受群众评议。开通QQ群，设置讨论主题，动员党员在线交流，实现党员网上互动，支部选举时，采用网上票决。为方便在职党员缴纳党费，开通了网上缴费绿色通道，通过支付宝即可缴党费。通过多渠道、便捷化、灵活性的"党建+网络"形式，实现"网络党组织+基层党组织+党员"快速、无缝联接，突破党组织联系服务党员"最后一纳米"。

三、以居民自治为导向，实现服务民生"零距离"

一是成立社区多元共治协商会。整合邻里值班室、党员周末接待日等载体，成立社区多元共治协商委员会，围绕中心工作及群众关切之事，开展民意收集和要事商讨。社区党委利用开放式空间讨论技巧，引导党员、群众积极参与议事。如G20峰会期间如何做好平安巡防工作，如何排除小区内高空抛线、充电瓶安全隐患，立面整治后如何做好环境维护和绿化工作等工作，由党员当主角，直接参与社区事务的管理，面对面交流意见和想法，许多重要决策和事务得到很好的解决和落实，有效调动了居民参与的主动性、积极性，有力推进了社区治理和居民自我服务水平，实现了由党委唱独角戏向居民大合唱的转变。

二是以党建促自治，办好实事"安民"。社区党委坚持以党建促自治，以党建促民生，大力推进辖区民生实事工程。根据工作需要把支部

邻里议事厅内，金狮苑居民在讨论小区微整治提方案

会议开到楼道内、河道上、居民家中，现场解决问题。比如金狮苑小区的立面整治起步比较晚，在杭州最闷热的黄梅天气进行，脚手架搭上去以后对居民的生活造成了很大不便：不能开窗，不能晾晒衣服，在空调移机的时候还用不了空调，晚上楼道灯被遮住光线，老年居民出行安全得不到保障……一系列问题接踵而至，居民意见和反响很大。第六支部的党员有18人住在金狮苑小区。G20峰会期间，支部书记号召党员们率先垂范，树立共产党员的大局意识和责任意识，在他的带动下，党员们不仅带头支持峰会工作，还做通邻居的思想工作，收集居民意见建议50余条，架起了居民与社区、望江指挥部的桥梁，合理解决了居民诉求与峰会

居民在邻里书吧练书法

项目进程的矛盾，为峰会项目的顺利完成提供了强大的支持和保障。

三是试行公益众筹机制，倾心帮扶"惠民"。上羊市街社区党委联合社会组织、辖区在职党员等，积极开展党员公益基金众筹活动，通过爱心公益众筹的方式，对一些有生产能力的失业人员、残疾人开展再就业培训；对独居空巢老人、孤寡老人、困难家庭开展爱心接力、微心愿认领等活动。社区党委联合社会组织、企事业单位开展计算机、烘焙等公益性培训项目12期，帮助30余人实现再就业，对5户困难家庭众筹帮扶资金5000元。

第二节 邻里值班室：探索居民自治的实践

近年来，紫阳街道以上羊市街社区为试点，积极探索，勇于创新，在全市首创邻里值班室。街道与社区党委、社区居委会、社区公共服务工作站四方联动，积极发挥邻里值班室参与、互助、沟通、引导作用，推进基层协商式民主自治，有效促进社会治理创新。

一、基本情况

2009年，以上羊市街社区作为试点，紫阳街道创建了第一个邻里值班室。邻里值班室以300户左右居民为基数设立，每个值班室有4—5名值班员，一般由退休党员、居民小组长、退管组长和志愿者等热心居民自愿担任，值班长每季轮流任职，值班点设在值班员家中，24小时为居民服务。2018年以来，结合"左邻右舍"社区治理创新园打造，对邻里值班室进行了升级改造，按照"一总三辅四个值班点"的思路，将邻里服务延伸至居民楼院。"一总三辅四个值班点"，即在"左邻右舍"社区治理创新园设邻里值班室总台，在楼道设三个分台，在居民家中设四个值班点。总台由社区居委会"本土"委员轮流担任值班长，分台和值班点由党员和居民志愿者担任值班员，并通过视频实时沟通互动，实现邻里守望、互助服务、即时响应。

二、主要做法

1. 明确主要职责。邻里值班室成立之初，就将职责明确定位于居民互助自治，协商解决居民急事、难事、特殊事，做到居民事居民协商办。同时，邻里值班室还担当起对社区党委、居委会进行日常监督等责任，定期参与社区公共事务决策，跟踪督促社区居委会对居民意见的落实和回复；接待居民来访，听取居民意见、需求，并记录于值班日记上，向社区提交居民提出的合理要求，并及时向居民反馈办理情况。为了有效履行职责，社区每幢楼入口都张贴了记录有邻里值班室值班人员姓名、地址、照片、联系方式等的信息牌，在值班员家门口悬挂邻里值班室的标牌，实行24小时值班制。值班室实行台账记录，用于记录已受理问题、解决过程、待解决问题和下个月计划，以便换班人员查阅。

2. 规范四项制度。一是实行通报会制度。由本季值班长召集会议，每季召开一次，本幢楼居民代表参加，会议议题为本季值班长向本幢楼宇全体居民汇报当季邻里值班室工作的总体情况，并反馈该季度社区对居民意见的落实情况，由居民决定落实成效的好坏。二是实行月度例会制度。由社区居委会主任负责召集会议，各值班室组员参加，会议议题涉及社区建设、楼道建设的重大事项、突发公共事件及本季值班长工作汇报、有待解决的热点难点问题等等，值班组员享有质询权，在会上可畅所欲言，对社区建设、重大事项及居民普遍关心的问题可提出质询，并要求社区限期答复直至问题得到圆满解决。三是实行民情日记制度。按照一事一记原则，由值班长记好民情日记，反映需协调的、在协调的、已协调的事件，楼宇中的新事、要事、特事，楼宇中特殊群体的生活状况。民情日记每月整理汇总一次，监督社区工作效率。四是实行联席会议制度。值班组员会与社区党委会联合召开，由值班长定期参与社区党委会、居民代表大会，将其间值班室收集到的社情民意及重点问题交由会议讨论，参与协商讨论社区建设中的重大事项和公共事务的决

邻里值班室例会

策，并提出意见供社区党委、居委会参考。

3．发挥四大作用。邻里值班室在社区建设、社区管理等方面充分发挥参与、互助、沟通、引导等作用，实现协商民主。一是发挥参与作用。在庭院改善、危旧房改造等重大项目及公共事务实施前，值班室成员参与出谋划策，通过广开言路、集思广益，得到广大居民的支持、理解，并以最小的投入实现最大的收益。二是发挥互助作用。邻里值班室的自治作用体现最充分的方面在为居民办事和解决困难上。在值班长的带领下，楼道内多位居民与本楼道的独孤老人、70岁以上老人签订邻里照看协议书。三是发挥沟通作用。对居民群众家庭、爱好、需求、思想动态等情况的掌握，是搞好社区自治和社会事务管理的重要前提。值班员在帮扶解困的动态管理、企业退休人员社会化管理、城市管理、社区建设工作中，都较好地发挥了沟通作用，为社会事务管理的有序推进提供了宝贵的第一手资料，为各项工作的开展和社区民主自治提供了有力支持。四是发挥引导作用。在运行邻里值班室的同时，积极发挥引导作用，引导社区志愿服务、专业服务运用到社区服务中来，为社区参与式治理注入新生力量。

三、取得成效

1. 有效实现居民自治。邻里值班室成立以后，社区居民日常事务都实现了自己解决，既带来了极大方便，也培养了居民自治素养，培育了和谐之风。一是实现邻里矛盾邻里解。邻里值班室值班员大都是在居民中威望较高的热心居民，一旦发生邻里纠纷，居民们想到的就是到邻里值班室，由值班员出面调解、化解，解决率达96%。邻里值班室成立后，要求到社区调解的矛盾纠纷减少了。楼上装修吵人，值班员出马，以情劝导、以理服人，多次上门耐心调解后，说服楼上居民在规定时间内进行装修，有效解决了矛盾纠纷。二是实现邻里互助服务。自邻里值班室成立后，社区邻里之间守望相助，在邻里之间"能自己解决的事情绝不麻烦社区"的意识蔚然成风。邻里值班室帮忙做好接送小孩、代养宠物、浇花收衣等日常生活小事，社区10多户居民把家中钥匙存放在邻里值班室，以备不时之需；在值班长的带领下，10位居民与本楼道的独孤老人、70岁以上老人签订了邻里照看协议书。

2. 有效提高居民民主素养。一是激发居民参与社区事务积极性。邻里值班室的成立激发了居民参与社区事务的主动性和积极性，从传统的"要我参与"变为"我要参与"。比如，社区邻里食堂的想法最早出现在邻里值班室的工作簿上。这个想法一经提出，就引起了居民的热烈反响，居民纷纷出谋划策。从前期邻里值班室的骨干发动居民进行食堂建设的意见征求，到食堂的选址定点，再到实施方案的制订、完善，不断吸取居民建设性意见，经过社区的统筹规划与装修布置，2015年5月份，邻里食堂以"社区牵头、企业运作、居民互助"的市场化方式正式投入使用，得到居民的广泛好评。二是提升居民民主意识。邻里值班室还担当起对社区党委、居委会的日常监督等责任，定期参与社区公共事务决策，跟踪督促社区居委会对居民意见的落实和回复；接待居民来访，听取居民意见、需求，并记录于值班日记上，向社区提交居民提出的合理要求，并及时向居民反馈办理情况。在参与社区公共事务的决策、处理中，居民的民主技术和效能得到了增强，居民民主权利和意识得到了培养和提高。三是提高居民参与社区治理能力。通过广泛参与社区事务，不断提高居民参与社区治理的能力，促进社区参与式治理。比如云雀苑庭改工程，因普通居民对于庭改工程内容的不理解，导致工程始终无法顺利进行，邻里值班室联合社区召集云雀苑部分居民代表、庭改办等，多次召开听证会，将庭改工程的基本内容详细解答，并听取居民代表意见，对该工程的顺利实施起到至关重要的作用。

　　3．创建社区服务综合体。通过邻里值班室，搭建了社区服务新平台，逐步形成了集社会专业服务、政府公共服务和志愿服务为一体的服务综合体。一是导入社会专业服务。随着邻里值班室在居民中的认可度日趋提高，社区中专业人士也加入到值班员这支队伍中来。金狮苑一户人家婆媳关系紧张，引起了值班室成员程女士的注意。程女士是专业心理咨询师，了解了一些情况后，她主动要求上门对这位婆婆进行心理疏导，并制订工作计划，经过一段时间的调解，这户人家的家庭关系得到了缓解。二是实现政府公共服务的关口前移。邻里值班室在法律咨询、人民调解、处理信访问题等方面发挥了积极作用，将政府的部分公共服务前移。如邻里值班室以其草根特性的优势，将群众工作统揽信访工作的重要理念融入调解工作中，通过制订"社区信访工作内部流转单"等方式方法加强信访工作的规范化开展，依托邻里值班室实现民听、民调、民评，有效处理了多起因不符合条件无法享受政府优惠政策而对社区产生不满引发的信访案件。2014年，在邻里值班室的共同参与下，上羊市街社区成功化解"12345"信访件40余件。三是引导社区志愿服务。邻里值班室引导和发展了一批志愿者，组建了邻里食堂志愿者队、"平安之声"志愿者巡逻队等10余支志愿者服务队伍。如为助力邻里食堂的运营和发展，邻里值班室向社区发出了公开倡议，招募热心居民加入邻里食堂志愿者队伍，在短短一周时间内组建成立了一支队伍，帮助维护邻里食堂就餐秩序，帮助老年人点餐送餐，还担当起邻里食堂食品安全监督员的职责，为社区居民"舌尖上的安全"保驾护航。再如经邻里值班室一手组建的"平安之声"志愿者巡逻队，为维护社区平安发挥了重要作用。巡逻队以两人为一组，每天晚上6：00—8：00走街串巷，义务巡逻，风雨无阻。在邻里值班室的带动下，目前，巡逻队已经壮大至60余人，越来越多的居民自觉加入到志愿者队伍中。

第三节 邻里坊：社区多元主体参与社区治理新模式

为了深入贯彻落实新发展理念，建立以人民为中心的社区治理机制，提高基层社区治理能力和水平，加强和完善社区治理，2019年上羊市街社区继续坚持以"归位、赋权、激活、增能"的核心理念来不断推动社区治理机制改革创新。主要从以下三方面开展工作：

一、深化全科网格建设，助推社工队伍专业与全能双化进程

1. 完善全科网格六项制度：网格事务处理制度、网格日走访制度、服务承诺制度、民情民意快速回应制度、网格事务分析解决制度、网格事务总结交流制度。

2. 建好全科网格六步流程。建立楼道+网格+坊+社区的四级互助式处置体系，形成上报、分流、办理、反馈、结案、建档六步闭式工作流程。

3. 建好"五卡一联"，做好全科联动服务。网格建"老、残、困、幼、重（重点信访、重点出租房）"五色卡，用五种色彩标注出特别服务对象，针对"五色卡"制订出对应的五类服务，并且通过"邻里110"进行预警设置，第一时间做好警、医、社联调服务。

4. 做好全科网格专业社工+全能社工的培养，制订全能社工培养计划。首先，依托街道社工协会定期对社工进行专业理论培训学习；鼓励社区工作人员参加全国社会工作者职业水平考试。其次，制订"两学一做"学习计划。"两学"，学习社会工作理论知识、学习条线业务

知识；"一做"，做合格的双化（专业化、全能化）社工。做好"周自学、月总结、季交流"的常态化学习计划，每年组织社工论坛和社工技能比武活动，成绩作为社工评先评优的标准之一。促进社工形成比学赶超的良好氛围，提高社区工作者的综合素质，以"诚信、敬业、细致、奉献"为宗旨，打造一支专业化、全能化的"双化"社会工作者队伍。同时，由全能社工引导培育社区领袖，挖掘社会资源，树立大邻里理念，助力社区走向共建、共享、共治新格局。

二、深化社区社会工作建设，助推邻里坊与社会工作双融进程

1. 制定《上羊市街社区社会工作标准手册》《上羊市街社区社工绩效考核办法》，完善社会工作教育、评价、考核、激励机制，激发队伍活力，实现社会工作的程序化、标准化、规范化。

上羊市街社区"最多跑一次"公共服务百通岗

2．建好社区社会工作室，制定"1＋3＋N"社会工作服务机制。在每个邻里坊内配备1名督导+3名社工+N名坊员义工组成的一个助力邻里坊治的小组，深入邻里坊了解居民需求，在邻里坊开展有针对性的个案、小组、社区社会工作服务。建立社区社会工作室，联系邻里坊制度、社坊例会制度、社坊联动制度，探索建立"坊治+双工联动"服务机制，从而培育邻里坊领袖，提高坊员参与解决公共事务的能力和水平。

3．建立健全邻里坊员的学习培训制度。由社会工作室社工定期组织邻里坊员、义工开展学习和培训，并且以开放式空间会议形式组织邻里坊员讨论协商邻里坊内的各类民生问题及公共事务，以项目化形式由坊员或联合社会力量共同领办项目，实现邻里组团实施项目。通过各种服务活动，运用社会工作解决问题的途径、方法、手段，让社区居民在参与过程中履行"人际和睦、交往合作、责任义务"等价值观和道德理念，从而进一步提高居民参与社区治理的能力，促进专业社会工作与邻里坊治理双融入。

三、深化业联体联动建设，助推邻里坊与社会联动双对接进程

1．问题联商。建立"月坛季会"联系机制，每月以业联体为平台，邻里坊代表参与业联体问题协商论坛，共同探讨社区治理中的重点、难点问题，集合多方智慧，促进问题破解。每季度召开业邻联席会议，每季度就安排服务项目、开展坊员服务、参与社会治理等具体事宜进行商讨。

2．项目联做。建立"红邻一家"联做机制，各邻里坊把所收集的各类服务项目和民生微项目进行分类梳理。针对邻里坊无法实施的项目，提交给社区业联体平台进行讨论协商，由业联体的相关成员进行联合领办并整合资源，共同实施完成项目，实现项目联做。

邻里话坊

3. 服务联合。建立"邻里参谋部"联合机制，将业联体组织的能人吸纳到"参谋部"中来，当邻里坊遇到重点、难点问题时，按照事件的类型有针对性地召集某一个参谋部，为邻里坊出谋划策。同时，发动业委会、物业、企业单位等参与到邻里坊义工队伍中来，并组团参与助老助残、家园美化、青少年校外教育等行动，认领微心愿、微项目等，实现服务联合。

社区依托业联体平台，采取问题联商、项目联做、服务联合的方式，发挥"社会联动"优势，为邻里坊治提供活动阵地、信息交流、资源共享等，更好地发挥社区协商的"六步工作法"的协商作用，丰富邻里坊治内涵，形成社区治理多元的格局。

第四节 改革引领当先锋 创新机制续辉煌

新中国第一个居民委员会所在地上羊市街社区在实践中不断探索创新社区治理服务新举措、新载体、新思路,以更加开放、包容、融合的姿态,散发出新的生机和活力,努力在全国树立社区建设新标杆,成为新时代基层社区治理排头兵,全国社区建设的展示窗口、名副其实的第一居。

上羊市街社区在社区党委的统领下,以党建为引领,以"传承历史第一,争创现实第一"为理念,秉承传统,开拓创新,实行社区机制改

邻里学苑

革项目，围绕"归位、赋权、激活、增能"八字方针，建立起以"一核多元、居站责清、协商自治、社会联动、智慧共融"为特征的社区协商治理新模式，推动社区建设从"政府本位"向"社会本位"转变，不断提高社区治理水平，努力实现历史和现实的完美交融，取得显著成效。

一、整合党建共建资源，发挥党组织引领作用

以"开放式网格党建、区域化网络服务"为目标，整合社区党组织、两新组织、辖区单位党组织等多方力量成立党群共同体平台——和合家园，发挥社区党委政治引领作用。

一是建章立制。建立"月坛季会"联系机制、党员积分管理机制、"你点我来"服务机制、"邻里圆桌"商议机制、文化共建活动机制等五大机制，每月组织一次"书记论坛"，召开一次"邻里圆桌会"，主动听取民情观察员和居民领袖的建议，充分整合区域内党建资源和公共服务资源服务居民群众。

二是严抓队伍。围绕党要管党、从严治党要求，深入开展"两学一做"学习教育，依托"红芯"党员积分管理系统严抓社区党员队伍管理，建立起党员表现的"晴雨表"，用分数丈量先进性。

三是创新载体。社区党委带领党员群众在社区治理创新方面争取新突破，那就是率先在全区建立业联体，即把居委会、业委会、物业资源统筹起来，建立业联体协同共治。一年来，通过业联体协调联动，解决了社区的很多老大难问题。

四是营造务实清廉环境。社区党委将党风廉政建设、作风建设学习和实践活动与社区各项工作紧密结合起来，严格落实党风廉政责任制要求，加强制度建设和机制创新，推进从源头上预防腐败工作，通过抓

党风政风带动社风民风，保障社区的各项工作有序规范，组织开展好家风、好家训学习宣讲活动，努力营造务实清廉、风清气正的社区环境。

二、创新社区机制改革，发挥社区自治功能

一是理顺组织结构。全面梳理社区现有工作事项，厘清社区党委、居委会、社区公共服务站三者之间的关系和职责边界，弱化居委会的行政色彩。目前社区组织架构：党委4人，居委会4个专职社工+3个居民委员，社区公共服务站8个专职工作人员+7个协管员（各职能部门行政工作）。服务制度：全能社工服务，实行7×12小时365天无休日制度（社工实行轮休制）。绩效考核：减员增效，实行社工季度绩效考核机制。社区公共服务实行"前台全能接待，后台精细服务"的"3+X"社区服务综合体的精准化服务模式，实现让居民办事最多跑一次。针对高龄、残疾人等困难群体，社区承诺让他们办事一次都不跑，真正做到"心中有民，一心为民"服务理念。

二是搭建社区信息"智平台"。通过社区治理与服务综合信息平台，借助办公OA系统、无线Wi-Fi覆盖、手机App互动、社区公众微信号和社区网站展示等信息技术手段，以"互联网+"的形式实现居民广泛参与，拆掉时间和制度等隐性隔离墙，打通社区服务居民的"最后一纳米"，使社区居民足不出户便可享受到社区提供的各项服务，实现"民有所求，我有所应；民有所需，我有所为"的目标。

三是创新社区民主协商共治模式。通过健全群众广泛参与平台，创新社区协商议事办事形式，建立多元主体参与协商共治新格局。社区将有威信的居民选入居委会班子与专职委员共同理事，同时积极将业委会的选举、小区停车管理、楼道管理、小区绿化管理等小区公共事务、公

老小区加装电梯的奠基仪式

共议题的决策权交给居民，探索民主协商、协共同治的新路子，建立社区发展协会、邻里坊、邻里圆桌会等社区成员参与社区治理的组织平台，总结形成民事民提、民事民议、民事民决、民事民筹、民事民办、民事民评的社区协商"六步工作法"。在实践过程中，社区老旧小区电梯加装、业委会自治、邻里食堂兴办、金狮苑小区农贸市场周边环境营造、响水坝凉亭建造等一批老大难问题在居民的共同协商参与领办下得到圆满解决，实现了"大众的事大众商量着办"的社区治理新格局。该举措得到了民政部专家组和省、市、区等专家领导的高度肯定。

三、夯实社区公共服务，实现民生服务零距离

一是加大社会组织培育力度。社区拥有杭城首个公益创

客空间，构成了社区、社会组织、社会工作者三位一体的"三社联动"创意集群中心。园内特设社会组织孵化园，引入10余家知名社会组织。同时，积极培育了残疾人民间艺术制作中心等10余家本土注册类社会组织和20余家备案类社会组织，得到国家民政部、团中央城市青年工作部及多家主流媒体的广泛关注和高度赞誉，已接待各地参观团580余个1.8万人次。亲民社会工作服务中心的老年智能手机学习小组项目、长者英语学习小组项目、残疾人民间艺术制作中心的手绘20国国花等引起了中央电视台、新华社等中央媒体的广泛关注。

二是建立专业化社工队伍。社区内设置社会工作室，配有专职社工8人，社会工作专业硕士1人，初级以上社会工作师占85%。制定"1+3+N"社会工作服务机制。将社区按照地域范围划分为6个网格，每个网格内配备一个由1名督导+3名社工+N名志愿者组成的网格小组，深入小区内部了解居民需求，开展有针对性的个案、小组、社区社会工作，探索建立"社义联动"服务机制。

三是提供精细化公共服务。建立"总分总"办公模式，通过视频实时对讲系统实现社区服务大厅与社区多个工作站点的对接，推动社区公共服务向楼道、家庭延伸。推行"全能+专职"社工模式，每天除两名全能社工留驻社区公共服务站外，其他社工全部下驻到各分值班点开展走访服务，进一步密切社区与居民之间的联系，解决好居民服务"最后一纳米"问题。

四是提供多元化服务。上羊市街社区是一个老小区，老年人口占社区总人口的20%左右。社区以需求为导向，整合公共服务资源，以"助老、为老、护老、乐老"为核心，多渠道挖掘资源，为老年人、残疾人等服务对象提供生活照料、康复理疗、健康指导、教育培训、文体活动等多层次服务。加强日常走访。在网格化管理基础上，为每位网格社工建立责任片，分片包干，对辖区居民尤其是独居空巢老人、残疾人、失业人员、困难家庭等提供各类服务。加强与社会组织合作。引入在水一方、长乐等社会组织长期服务社区老年人，为辖区内220余名老人、残疾人建立健康档案，开展免费义诊、康复理疗、慢性病管理等。与社区卫生院合作，定期开展老年保健讲座。开展丰富多彩的助老助残活动。根据老人的兴趣爱好，组建了8支老年人文娱团队。在邻里学苑开展"棋"乐无穷、智能手机学习、夕阳英语角等老年社会工作小组活动。其中，智能手机学习小组和夕阳英语角等受到中央电视台等主流媒体的关注和报道。对残疾人群，社区在开展助听、助明、助行等一系列帮扶工作的同时，为残疾人开辟就业岗位。开展公益众筹行动。通过爱心公益众筹的方式，对一些有生产能力的失业人员、残疾人开展再就业培

邻里书吧

训；对独居空巢老人、孤寡老人、困难家庭开展爱心接力、微心愿认领等活动。目前，社区党委联合社会组织、企事业单位开展计算机、烘焙等公益性培训项目12期，帮助30余人实现再就业，对5户困难家庭众筹帮扶资金5000元。开辟残疾人民间艺术制作中心、智慧树等组织平台，促进残疾人自助互助。社区共有2823名退休人员纳入社会化服务管理，按500人配备一名工作人员的要求配足配强队伍，为企退人员提供丧事料理、走访慰问、帮扶救助、文娱活动、健康体检等五大服务。

四、依托社区文化家园创建，提升社区文明指数

一是深化邻里值班室的辐射和带动作用，动员社区居民广泛参与文明建设，在加强邻里沟通、强化邻里互助、平息邻里矛盾、收集民情民意等方面发挥重要作用，形成邻里互助的良好氛围，推进社区文明指数。同时，每年组织一次"最美邻里""最美妈妈""最美媳妇""最美家庭"等道德典范评选，涌现了一大批像傅水炎、樊建华、周炎珍这样的道德楷模和志愿者典型，倡导和谐、祥和、融合、合作的"和合文化"理念，实现邻里和谐、家庭和睦、工作和顺、生活和美的目标。

二是突出居民自治参与，使文明建设成为居民内化的行动。争创文明社区需要每一名居民的共同努力，社区充分发挥居民自治优势，将社区的环境卫生、治安巡防、精神文化活动等融入自治元素，运用开放式空间引导居民参与楼院文明自治，针对社区的重点、难点问题，组织居民共同参与、讨论、研究整改方案，通过项目化手段实现民主参与和民主管理。比如，我们组织辖区居民组成了一支民间绿化养护队，平时不但负责监督社区居民不乱丢垃圾、不破坏环境等，还在小区空地中开辟绿化带，栽种各类花草树木，形成了齐抓共管的良好氛围。同时，社

区深入开展"绿色社区""低碳社区""健康楼宇""绿色家庭"等活动，努力提高居民群众保护环境、爱护绿化的意识。为解决小区停车难的问题，社区同样吸纳了一批热心居民，组建了一支民间停车管理督导队，对小区保安、驾驶员等实行有效监督，有力促进了社区秩序的稳定和谐，多次调解有车人和无车人、有车人与有车人之间的矛盾。

五、搭建安全防护网，为居民安全保驾护航

一是建立网格队伍。作为全国民主法治示范社区，社区高度重视平安建设工作，建立了由200余名平安巡防员组成的邻里和事佬队伍，以及社区消防、反邪教、禁毒宣传志愿者等多支队伍。几年来，社区内未发生一例重大刑事案件。

二是积极开展普法宣传工作，做好安全防范措施。社区设立了律师工作室，同矛盾纠纷会诊室合署办公。在上级各部门、社会力量的支持下，还成立了由警律、警民、警媒组成的联调工作室。2018年以来，矛盾调解累计200余件，签署协议的有50余件，民事纠纷调解率达到100%，成功率98%。

第四篇　不断拉高社区工作标杆

上羊市街社区在社区党委统领下，以党建为引领，以"传承历史第一，争创现实第一"为目标，推进社区治理机制改革创新。近年来，社区党委通过不断探索实践建设了居委会、业委会、物业等协同治理的红色业联体平台，创建了邻里值班室、邻里园桌会、邻里大管家、邻里110、邻里坊治等"邻里"系列的坊网格居民自治品牌，总结提出了民事民提、民事民议、民事民决、民事民筹、民事民办、民事民评的社区协商"六步工作法"，推动社区建设从"政府本位"向"社会本位"转变，不断提高社区治理水平，努力实现历史和现实的完美交融，取得了显著成效。社区先后荣获全国和谐社区建设示范社区、全国民主法治示范社区、全国综合减灾示范社区、全国创建学习型家庭示范社区、全国社会工作服务示范社区等多项国家级荣誉称号。

社区建设史料藏馆

第一节　创建"全国创建学习型家庭示范社区"

近年来，上羊市街社区党委、居委会紧紧围绕"关爱人、服务人、教育人、凝聚人"的目标，大力倡导终身学习理念，促进和谐社区打造，坚持以人为本，以学习为动力，以社区为舞台，运用灵活多样的方法，营造浓厚的学习氛围，调动社区居民学习的积极性，鼓励广大居民群众自觉参与和谐社区建设，逐步形成了人人学习、处处学习、终身学习的良好氛围，"以学习促发展"的理念深入人心。通过社区居民和社区工作者的共同努力，2010年，上羊市街社区获得"全国创建学习型家庭示范社区"荣誉称号。

在硬件建设方面，社区在区委、区政府和街道党工委、办事处的大力支持下，先后投入大量资金建立了社区图书室、电子阅览室和文化活动室，总面积达350平方米。社区图书室藏书量在3年时间内扩增至6000余册，同时社区图书室与杭州市图书馆合作开办"社区一证通"，对社区居民开放图书借阅，杭州市图书馆定期为社区图书室补充书籍。针对社区内家庭成员不同年龄层次、文化水平的特点，搭建不同学习载体，开辟多种学习渠道。利用资源优势，在杭州几家信息化巨头的支持下，搭建在线学习平台，丰富学习内容和方式，激发家庭成员获取新知识求知欲，提高自我学习的兴趣和热情。通过举办家庭教育系列讲座，开展"五好文明家庭""学习型家庭""网络型家庭"等创评活动，有效推动了社区家庭文化建设。仅2009年，社区就评出"五好文明家庭"800户，"五好文明标兵家庭"500户，"学习型家庭"2800户。我们的具体做法是以搭建七大特色板块——勤而向学、乐学其中、学不出户、老有所学、务实哲学、扶残助学、广而学之——为依托，不断深化社区教育、家庭教育，着力构建学习型社区。

一、"勤而向学"，鼓励党员带头学习

基层党员是社区内的先进群体，具有一定的模范带头作用。为此，社区十分重视党员学习，从而带动社区家庭成员共同开展学习。一是依托社区学院的丰富资源，开辟党员学习港，组织线下、线上阅读活动和远程教育活动。我们在党员学习港充实各类政策汇编读物、国内外文学著作等，利用电子触摸屏查询器可以搜罗海量学习资料，为基层党员提供丰富的学习资源，有效提高党员的理论水平和政治素质。二是积极创建学习型基层党组织，通过民主生活会组织学习和进行先进性教育，对社区发展中遇到的重大问题展开讨论，带动整个家庭共同关注、商讨、解决社区发展难题。

邻里学苑

二、"乐学其中"，狠抓青少年校外学习

作为杭州市第一批试点单位，社区在全市创先成立青少年俱乐部，利用社区现有配套用房开辟青少年教育活动场所，开办了"四点半学校"，先后组织了"图书漂流""我与奥运同行""牵手绿书袋"等丰富多彩的教育活动。另外，还邀请市青少年活动中心及学校的教师志愿者为社区青少年提供科学、绘画、音乐等专业的辅导课程，开展未成年人法治教育讲座等，使青少年教育从学校向社区渗透，为青少年家庭教育开辟了一块重要阵地。同时，社区还组织开展"大手拉小手""我心中的爸爸"等各类亲子活动，进一步促进和提高了家庭学习的参与率。到目前为止，社区中参与学习型家庭创建活动的家庭已占到90%。

三、"学不出户"，推广家庭e学网

上羊市街社区在打造新中国第一个居民委员会的同时，融入了大量全国领先的信息化技术。比如，在社区设立多媒体宣传栏，利用LED屏滚动播放社区新闻、生活信息、健康菜单等，通过数字电视发布具有实用价值的生活小贴士和重大新闻，使居民足不出户就可了解到国内外发生的大事。此外，还在社区全面推行家庭e学网，社区居民通过鼠标点击，在e学网中就可以找到海量涉及理财、健康、低碳等与家庭、社会生活息息相关的学习资源。我们还围绕"和谐社区"和"学习型社区"创建，开展了"万户家庭网上学"、"网上图书 网上学习"e学网微笑图书日活动，都收到了很大成效。为此，社区在2009年评选出10户信息化学习型家庭，作为典型来引路，激励更多家庭成员不断学习，提升素质。

居民在社区邻里学苑里接受培训

四、"老有所学"，鼓励老年人活到老学到老

社区大力提倡终身学习，鼓励老年人活到老学到老。组织社区内退休的老年人组成银发俱乐部，经常邀请辖区单位、社区医生等志愿者对俱乐部成员进行有关吃、穿、住、行等各个方面的教育培训，如"低碳生活在我身边""健康与你同在""走路的秘密"等讲座，能增进老年人的健康生活知识。组织俱乐部会员参加市、区各类老年人知识竞赛，取得了不少好成绩。发动有特长的居民组建了"上羊民间艺术团"，成立了包括军鼓队、腰鼓队、合唱队、武术队、健身队、戏曲队、时装礼仪队、舞蹈队在内的8支队伍，以"培养艺术情操，丰富社区文化"为宗旨，举办了"美德颂扬""颂歌献给党"等各种健康有益的文艺演出和文化娱乐活动，为繁荣社区文化、活跃居民生活作出了贡献。

五、"务实哲学"，搭建"婚姻加油站"

针对社区家庭，特别是育龄妇女、新婚夫妻、初生婴儿的家庭，搭建了"婚姻加油站"，宣传和谐婚姻家庭理念，开展家庭哲学教育，引导经营美满婚姻，协调亲子关系，提升家庭幸福感，促进社区和谐。

比如，"三八"妇女节，组织社区家庭开展以"亲情、友情、爱情、家庭"为主题的比赛活动，评选优秀家庭、优秀邻居和优秀恋人。又开展了"20 40 60，爱情故事你我共享"的主题活动，组织辖区内不同层面的夫妻，共同讲述爱情故事，共享互勉。一系列的家庭婚姻主题教育活动，为社区居民打开了一扇扇家庭幸福生活的大门。

六、"扶残助学"，建设残疾人民间艺术制作中心、培训基地

为增强残疾人等弱势群体的信心，鼓励他们学习各项技能，改变生活状况，社区以"坚持先进文化发展方向，弘扬祖国优秀艺术瑰宝"为宗旨，注重培养艺术人才。针对残疾人、困难家庭等弱势群体，成立了公益性艺术培训基地——残疾人民间艺术制作中心，为他们提供纸艺、扇艺、雕刻、模型等艺术品制作的教学活动，进一步改善残疾人的文化生活和就业状况。自中心成立到现在，已经实现创收，有近30名残疾困难人员在这里学到一技之长，找回了自信，有效促进了和谐社区的建设和发展。

七、"广而学之"，开辟基层民主自治学习园地

作为中国基层民主自治制度的发源地，国家民政部在上羊市街社区建立了中国社区建设展示中心，以此作为中国社区建设的历史课堂、研究基地、实践样板和对外窗口。自中心建成以来，社区先后组织千户家庭前来参观，通过"4D影院""魔镜墙"等展示项目，使参观者了解我国基层组织、城市居民委员会的发展脉络，领略基层民主自治的真谛，从而增强社区居民自我管理、自我服务的民主意识，激发其参与社区建设的热情。社区还将中心作为全国社区工作培训基地和爱国主义教育基地，开展"生活品质体验"等各式各样的活动。

第二节　创建"全国和谐社区建设示范社区"

从1949年到2000年，区域多次拆分重组，但上羊市街居民委员会的名称却一直延用。2000年12月新型社区成立以来，上羊市街居民委员会在原有的工作基础上，以建设民主自治、管理有序、服务完善、治安良好、环境优美、文明祥和的和谐社区为目标，以"传承历史第一，争创现实第一"为理念，以推进民主自治和保障服务民生为核心，以探索建立"333+X"的新型社区建设发展模式为主线，秉承传统，开拓创新，深入推进和谐社区创建工作，不断提高社区建设水平，全面提升居民生活质量和社区文明程度，努力实现历史和现实的完美交融。2014年，社区获得"全国和谐社区建设示范社区"荣誉称号。

一、着力加强党组织建设，实现社区组织领导有力

为了切实发挥基层党组织的作用，社区通过创建新型组织体制，搭建平台、健全制度、丰富活动，努力提升社区党组织的活力。一是健全党组织建设。社区建有党委，下设9个党支部。2009年以来，社区创新推出邻里值班室模式，在居民楼道间成立66个邻里值班室。由于邻里值班室主要由社区党员担任邻里值班员，有效带动了社区党组织在楼道的全面推广，实现了党组织向楼栋的延伸。并以楼道为单位，广泛开展"红色纽带"结对帮扶活动，为辖区内的孤寡老人、残疾人、低保户（困难户）提供生活方面的帮助和精神上的慰藉。目前，共结对8户，募捐资金8700元；开展法律咨询等公益性活动70余次；积极推动两新党

组织全覆盖工程。辖区共建有两新党组织4个，覆盖企业20家，基本实现非公有制经济组织、社会组织、商务楼宇、专业市场和流动人口聚居地党组织的全覆盖，未建立党组织的也实现工作覆盖。

二是完善工作制度。完善流动党员管理、党员清洁责任区、党员义务值班、党员走访群众、党员远程教育学习以及党员先进性的长效机制等制度，发挥社区党组织的领导核心作用，支持和保障基层自治组织依法开展自治活动，为社区群众多办实事、多办好事提供组织保障。

三是健全党内民主。认真落实党支部组织生活、民主生活会制度，按照要求对社区党组织成员实行公推直选。在2013年开展的社区党委换届选举过程中，为扩大社区党委换届选举的民主参与基础，社区将居民代表、居民委员会成员、居民小组长、驻区主要单位党组织代表等力量吸收到见面会环节，居民群众可以就候选人当选后如何履行职责、发挥作用方面的内容向候选人提问，候选人针对居民提出的问题进行互动回答，居民群众根据候选人回答的满意度对其进行民主测评和信任投票，由此形成以广大党员为主体、党员群众广泛参与的社区党委换届候选人选举格局。同时，组织"候选人进单位"等活动，由居民代表以及辖区单位工作人员对候选人进行公开评议，并将评议结果作为衡量候选人群众基础的重要指标提交选举大会，为党员投票提供参考。

四是搭建服务平台。社区建有"壹居议事厅"，打造党委服务党员、党员服务党员、党员服务群众的平台。通过党员联络站、在职党员之家等组织载体，采取党员责任区、党员谈心室、党员联系户、党员奉献日、党员志愿者服务队等活动方式，按照创建"五好党委"的标准，提高党员素质以及为居民服务的意识，发挥功能性党小组作用，树立"一个党员一面旗"的形象。组织党员积极开展和参与各项社区服务、社区公益活动。

二、着力加强队伍建设，实现社区居委会组织有力

一是强化队伍建设。目前，社区有专职工作者14名，平均年龄30岁，大专以上学历占100%，全部参加了社会工作师资格培训考试。社区居委会成员通过公开招聘，并经全体社区居民直接选举产生，通过"强化十个意识""提高十种能力""开展五比活动"等一系列活动，不断提高社区工作者的综合素质，以"诚信、敬业、细致、奉献"为宗旨，打造了一支职业化、专业化、年轻化的社区工作者队伍，成为社区建设的中坚力量。同时建立"全程办事我帮您"工作机制，实现零投诉，在日常工作时做到"有三声、保二净、一主动"，热情、认真、高

居民议事

效、负责地提供服务。社区还不定期进行居民满意度调查，接受社会监督，约束自身行为。

二是发挥四大作用。在提高社区成员的民主意识、参与意识、依法行使民主权利中，发挥居委会的组织作用；在协助基层政府做好管理国家事务、管理经济和文化事业中，发挥居委会的管理作用；在做好与社区成员利益有关的社区服务、社会福利、社区治安、社区卫生、人民调解、计划生育、社区共建与协调等事项工作中，发挥居委会的服务作用；在党和政府与广大居民群众之间沟通中，发挥居委会的桥梁作用。

三是完善工作制度。建立健全学习培训制度，定期组织社区工作者开展集中学习和培训，重视从日常工作的各种案例中分析社会工作新的方式方法，进一步提高工作水平；完善群众联系制度，定期听取居民群众意见，帮助解决实际困难，并记好民情日记；实行"首问责任制"，要求社区工作者必须耐心接待群众咨询和来访，对属于职责范围的，及时处理解决，不属于职责范围的，主动帮助联系相关责任部门协调解决。

三、着力推进公共服务体系建设，做到公共服务站执行有力

依托社区公共服务站，大力推进公共服务体系建设，实现政府公共服务社区全覆盖。一是开展社区就业服务。提供再就业咨询、培训、就业岗位信息服务，挖掘社区就业资源和潜力，灵活开发社区就业岗位。针对社区失业人员较多的现状，与多家私人企业联合成立就业心理辅导基地，邀请再创业成功人士现场讲解创业经历，鼓励失业人员树立再就业信心。社区还制作新杭州人就业服务指南，给广大外来务工人员详细介绍社区周边的情况，为他们的工作和生活提供便利，从而提高他们融入

新城市的速度，用最实用的资讯为外来务工人员提供帮助，送去关爱。积极整合辖区单位资源，开发落实社区公益性岗位，近年共开发岗位400多个，安置就业困难人员103人，成功创建杭州市充分就业社区。

二是开展社区社会保障服务。重点做好企业离退休人员社区化管理服务和为老服务工作，目前社区提供居家养老服务的家庭共40户68人，为老年人创造了良好的养老环境和条件。90岁以上的老人发现一户解决一户。80岁以上困难老人如果需要特殊服务的，则根据个性化需求，为他们提供精神慰藉、陪同就医、代购物品、代缴费用及做饭、洗衣、打扫卫生等服务。通过帮助社区居家老人获得就近、便捷、专业化的护理照料，逐步形成多层次、多形式、全覆盖的社区居家养老服务网络。同时社区也将根据老人自己的意愿，努力为其创造条件，奉献更优质的服务。

三是开展社区救助服务。注重加强对失业人员和最低生活保障对象的动态管理，积极开展社区救助服务，帮助居民解决生活中的实际困难。比如，开展"一帮一"的单位结对帮扶活动，筹集资金全力做好残疾人、低保户（困难户）等弱势群体的保障服务，力求做到应保尽保；开展下岗人员再就业培训，充分发挥社区捐助、慈善超市、爱心银行的建设和管理。

四是开展社区卫生和计划生育服务。扎实做好计划生育宣传服务工作，近年来始终保持100%的计划生育合格率。加强流动人口管理和服务，实行流动人口与户籍人口同宣传、同服务、同管理，社区主动上门为流动人口提供环情孕情和生殖健康检查，向他们宣传健康知识和《人口与计划生育法》《流动人口管理办法》等有关法律法规，并发放各类宣传资料2万余份。依托社区卫生服务中心，为社区居民提供预防保健、健康教育、康复、计划生育技术服务和一般常见病、多发病、慢性病的诊疗服务。针对新生儿家庭，社区专门开展了超级奶爸、爷爷奶奶培训班等各种活动，提供居家三优服务。

五是开展社区文化、教育、体育服务。依托社区图书阅览室，加强社区居民读书、阅报、健身、开展文艺活动的场所建设，社区克服用房困难，在袁井巷小区地下车库建设青少年俱乐部，保障社区内中小学校开展素质教育和社会实践活动，为青少年成长营造良好的社区环境；提供多种形式的文体活动，积极培育群众性体育组织，不断丰富居民文化生活。社区每年开展"五好文明家庭""节约型家庭""学习型家庭"等评选活动，居民参与活动率达90%，文明家庭创建率达80%，在文明城市创建中做到"零失分"。通过开展这些活动，不仅有效引导居民自觉遵守"爱国守法、邻里和睦"的文明风尚和科学、文明、健康的生活方式，同时也进一步增强了广大居民群众的文明意识、法制意识、服务意识和道德意识。

六是开展社区安全服务。目前社区所有小区共计200余个单元安装了防盗门，每个小区都安装了监控设施。开展社区安全创建活动，建立人防、物防、技防相结合的社区防范机制和防控网络，加强社区群防群治队伍建设，开展消防演习、社区巡逻守望、看楼护院等活动。加强法制教育和普法宣传工作，做好矛盾纠纷排查机制和调处工作机制，健全社区人民调解委员会和社区矫正、戒毒、刑释解教、邪教转化人员帮教机制，做好社区帮教、转化工作，民事调解成功率达到98%。居民群众普遍反映生活有序安全。

七是开展社区环境整治。为了营造整洁有序的社区环境，为居民打造宜居的社区生活，社区配有专业卫生协管员，负责辖区卫生环境的巡查监管。积极推进社区保洁市场化运作，实行社区保洁"朝六晚九"工作制，确保辖区干净整洁。为强化小区管理，还建立了社区邻里服务中心，实行365天全天候服务制，为老旧小区提供保洁、保绿、保安、保修、保序"五保合一"服务，有效破解了老旧小区长期无人管的问题。积极开展分类垃圾房改造，全面推广电子废弃物智能回收箱，创新实施垃圾分类"五评法"，广泛开展"垃圾分类模范家庭"评选，组织居民参加"万户家庭垃圾分类网上学习"活动、"垃圾分类从我做起"科普竞赛，调动居民参与垃圾分类的积极性。

四、着力培育社区复合主体，实现社会组织互动有力

为激发居民群众参与社区建设的积极性和主动性，认清自己作为社区管理主体的角色要求，通过自治平台这一渠道，社区积极探索开展社区自治复合主体工作，实现社区居民的自我管理以及与社区、政府的良性互动。

一是积极培育社区组织。积极引进公益创投机制，引进专业培育机构，建立分类培育机制，加大社区社会组织培育力度。近年来，社区内涌现出残疾人民间艺术制作中心、邻里值班室以及尚扬视界等一批专业水平高、发展前景好的优秀社会组织，带动社区内其他社会组织蓬勃发展。其中上羊市街社区残疾人民间艺术制作中心，通过为残障人士、低保家庭等弱势群体提供各类能力培训，经过自身的努力来改变命运与生活状态，并为此提供个性化帮扶建设与多元的发展支持，积极探索社会创新扶植的一套标准体系，受到了国家、省、市领导的重点关注，得到了全国各地的参观者以及媒体的一致好评。尚扬视界通过崇尚弘扬向上的力量，从居民个体不同的视角记录多元化的社区文化生活，培养居民对社区的认知感。社区也积极联结@爱公益活动、微公益等助力社区发展，进一步传播公益理念，发挥公益性社会组织的积极作用。

二是创新"总分总"社区服务管理新机制，将社区服务送到居民家门口，探索社区"责任网格化"新模式，公共管理服务下沉，整合社区资源、提升社区服务，社区管理更加科学化、精细化和长效化。该模式将社区提供的公共服务和邻里值班室提供的志愿者服务及社会组织等提供的便民利民服务进行整合，分别在金钗袋巷87号、云雀苑小区、金狮苑小区、袁井巷小区、元宝街5号建立一个社区服务大厅、三个邻里值班室、一个邻里值班中心。结合流动办公、邻里值班室、全能社工、值班社工、民情走访、网格化管理等工作制度，每个点的工作由网格成员全权负责。分点每天有社工按照社区上班作息时间开展工作，按照"承包责任制"的理念进行创新管理。同时通过"跨时空"电视电话系统，实现社区服务大厅与值班点之间的无缝对接，切实推动社区公共服务向居民楼道的延伸。通过探索社区复合主体的机制体制培育，有效地整合社会力量，拓展社区为民服务的广度、力度和深度。

五、着力开展特色活动，促使社区志愿者奉献有力

一是规范工作管理。制定社区志愿者章程和志愿者招募、培训、管理、激励等制度，完善各类志愿者网上注册及管理运行机制。目前，社区注册志愿者人数1024人，占总人数的14.1%，组建了志愿者文明卫生巡逻队、党员志愿交通安全服务队、党员绿化养护小分队、社区艺术团和团员志愿讲解队等组织。二是开展服务活动。开展内容广泛、形式多样的志愿者活动，如"寻找社区垃圾分类达人""小手拉大手，创卫你我行"等美化、净化环境活动；开展扶贫帮困、助残帮教等形式的"送温暖、献爱心"等活动，倡导文明、和谐的精神风貌。三是形成特色文化。社区现有太极拳队、合唱队、扇子舞队等8支文体队伍，有固定

队员80余名，经常在一些比赛中获得良好的成绩，而且不计报酬、不计时间开展"群众艺术大篷车"活动，为居民服务演出，极大地丰富了基层群众的文化生活。

六、着力建立协作机制，实现共建单位参与有力

一是建立联席会议制度。定期召开共建单位座谈会，对区域内的重大事件进行民主协商和共同建设，形成良好的共建氛围。二是鼓励企业参与社区服务活动。按照互惠互利、资源共享原则，引导社区内或周边单位的生活服务设施向社区居民开放或参与便民利民的社区商业服务。曾与专业网络商务公司维络城合作实施邻里卡服务项目，在社区内设置OP设备，汇聚居民生活方圆几公里的最新商业、餐饮和旅游等消费资讯及优惠券。居民可持邻里卡在社区内的OP设备上打印优惠券，享受辖区特约商户提供的优惠、便捷服务，服务涵盖居民日常的吃、穿、用、行、娱等各方面，将辖区单位资源纳入邻里便民服务圈。三是企业积极参与上城区为民服务联盟管理中心。整合社会便民服务资源，如96345便民服务中心、社会公益组织、企业志愿服务队等，挖掘各片区的社区能人，如理发、磨刀、修雨伞、裁缝等能人，两者相结合，成立"爱在家门口"互助群团，更好地便捷、实惠地服务于广大社区居民。

七、着力创新活动载体，实现邻里和睦互助有力

从创建和睦楼道、和睦家庭入手，围绕"与邻相助、与邻为乐、与邻为德、与邻为友、与邻为善"的原则，采取举办邻居节等活动方式，开展"和谐上羊、你我共享""大力推进倡导邻里一家亲"和"五好文明家庭""学习型楼道"创评等活动，营造良好邻里和谐氛围。特别是

由社区居民自发组织的社区邻里值班室，它以300户为基数，设立4—5人为一组的值班室，每组每轮值班一个季度，共设12个点，总值班室设在元宝街4号，其他点分别设在居民家中。邻里值班室不仅帮助调解邻里纠纷、家庭内部矛盾和组织楼道活动等常规事务，还帮忙做好接送小孩、代养宠物、浇花收衣等日常生活小事，甚至有居民把家中钥匙存放在值班室，以便值班员能及时帮忙处理家中紧急事务。同时，邻里值班室还承担起对社区党委、居委会的日常监督等责任，定期参与社区公共事务决策，跟踪督促社区居委会对居民意见的落实和回复；接待居民来访，听取居民意见、需求，并记录到值班日记上，向社区提交居民提出的合理要求，并及时向居民反馈办理情况，逐步实现情况在楼道

"房前屋后"美化项目的竞选场景

了解、问题在楼道解决、感情在楼道融洽、活力在楼道凝聚、和谐在楼道起步、自治在楼道体现的目标。

八、着力促进民主协商，实现社区民主管理有力

一是健全社区民主协商制度。实行"四会一日三制度"，促进民主管理。"四会"即民主恳谈会、民主听证会、民主议事会、民主评议会；"一日"即每月定一日为民主议政日；"三制度"即民主协商申请制度、民主协商实施程序制度、民主协商监督制度。通过"四会一日三制度"，加强民主协商，实现社区居民的自我管理以及与社区、政府的良性互动，激发居民群众参与社区建设的积极性和主动性。如"金点子信箱"活动，积极采纳居民代表提出的意见和建议，解决居民中存在的重点、难点问题，激发广大居民建设美好家园的热情。通过居民对社区事务进行协商讨论作出决策，营造"人人关心社区、社区关爱人人"的良好氛围。二是引导社区居民依法自治。组建成立楼道大管家协会，倡导"互敬、互助、互让、互谅"的楼道风尚和"自己的事自己办，大家的事协商办"。通过召开居民代表会议，选出有一定管理经验、组织能力强、富有责任心、乐于奉献和有特长的居民骨干，承担楼道保洁、楼道守望、居家服务、信息传递等工作，把居民民主自治的职能进一步延伸到楼道。

九、着力加快平台建设，实现社区信息化推进有力

一是社区管理信息化。依托区、街道、社区三级联动平台"E家人"社区事务管理网，做好政务服务延伸工作，实现办公自动化；及时做好电子台账、居民数据库录入、修改等工作，实现基础数据的内部共享、

查询和统计，由静态管理向动态管理转变。二是社区服务信息化。依托电脑服务网、电视服务网、电话服务网搭建全方位网络服务平台。社区网站下设社区服务、社区论坛和事务听证等栏目，按地域性、个性化、针对性开展服务，实现实体服务与网络服务有效对接。在数字电视上开通"社区是我家"频道，设立社区政务类、公共服务类、个人服务类、家庭信息类、华数互动类五大板块，该网定位为社区电视台。电话服务网定为便民利民服务平台，与96345服务热线、区应急救助服务中心、区社区医疗服务热线及便民服务企业实现联动对接，第一时间为广大居民提供便捷、优质的服务。

整合有力、运作有效的工作机制，以人为本、扎扎实实的社区工作局面，使上羊市街这块"老品牌"焕发出前所未有的活力。在今后的工作中，我们将继续以党的"十九大"精神为指导，以创建全国和谐社区为契机，深入贯彻落实科学发展观，按照"民主法治、公平正义、诚信友爱、充满活力、安定有序"的总要求，秉承新中国第一个居民委员会的优良传统，继往开来，与时俱进，永争一流，为把上羊市街建设成为民主、法治、惠民、平安、生态、人文性的现代和谐社区而不懈努力。

第三节　创建"全国社会工作服务示范社区"

近年来，上羊市街社区深入贯彻落实科学发展观，坚持以实现"服务完善、管理民主、充满活力、和谐幸福"的社会生活共同体为目标，规范服务管理，因地制宜，加快推进"三社联动"。以社区为平台，以社会组织为载体，以社会工作者为骨干，以满足居民需求为导向，引入专业资源和社会力量，提供专业化、有针对性的服务，把矛盾化解在社区，形成多元主体共同参与社区建设，各类社会资源深度融合的社会治理新格局，获得"全国社会工作服务示范社区"荣誉称号。

一、深化制度建设，助推社会工作有序发展

一是严格落实区委、区政府《关于推进社区社会工作人才队伍的实施意见》《社会工作专业岗位设置方案》《推进社区社会组织培育发展的意见》，明确社会工作发展的指导思想、工作目标、工作任务、工作方法等，从上层建筑上保障社会工作在社区治理中的突出地位。

二是制定《上羊市街社区社工绩效考核办法》《上羊市街社区社会工作标准手册》，完善社会工作教育、评价、考核、激励机制，激发队伍活力，实现社会工作的程序化、标准化、规范化。建立社会工作室，完善群众联系制度，推行7×12小时365天全年无休工作机制，经常听取居民群众意见，帮助解决实际困难，并记好社工日记；实行"首问责任制"，社工耐心接待群众咨询和来访，对属于职责范围的，及时处理解决，不属于职责范围的，主动帮助联系相关部门协调解决。

三是制定"1＋3＋N"社会工作服务机制。将社区按照地域范围划分为6个网格，每个网格内配备一个由1名督导+3名社工+N名志愿者组成的网格小组，深入小区内部了解居民需求，开展有针对性的个案、小组、社区社会工作，探索建立"社义联动"服务机制。建立健全学习培训制度，定期组织社区工作者开展集中学习和培训，重视从日常工作的各种案例中分析社会工作新的方式方法，进一步提高工作水平。

二、强化人才战略，助推社工队伍专业化进程

一是队伍专业化。上羊市街社区共有专职工作人员14人，平均年龄30岁，大专以上学历占100%，社会工作专业硕士1人，初级以上社会工作师占85%，其中1人参与了省级社会工作领军人才培养计划，1

"三社联动"，共商社区公共事务

"三社联动"，共商社区公共事务

人参加了杭州市首批社会工作高端人才培训，多名社工的社会工作案例曾获省、市、区社会工作优秀案例。同时，社区以创建全国社会治理改革创新试点社区为契机，开展全能社工培养计划，通过"强化十个意识""开展五比活动"等一系列活动，不断提高社区工作者的综合素质，以"诚信、敬业、细致、奉献"为宗旨，打造了一支职业化、专业化、年轻化的社会工作者队伍。

二是培训经常化。社区每年安排社工参加市、区社会工作职业集中培训或轮岗培训等多种方式的再教育。2015年，社区委托上海飞扬华夏青年公益事业发展中心开展参与式社区治理模式培训项目，为社区项目、社工开展督导和培训48期，并根据社区特点和居民需求引领社工从普通社区服务视角转向专业化社区服务视角，培养和提升社工在引导居民参与社区建设、培育社区领袖、整合社区资源、挖掘社区需求等方面的能力，为社工从理论走向实操指明了道路和方向。

三是激励全面化。鼓励社区工作人员参加全国社会工作者职业水平考试，规定报考者有5天的复习假期，对考试通过者给予800—1200元的奖励。对取得初级社工师、中级社工师、高级社工师的，每人每月发放200—600元的职称津贴，并100%报销培训费用。对参加社会工作专升本和继续教育的社工，报销学杂费。此外，上羊市街社区在社区体制改革试点中专设项目特别奖，对社工领办的社会工作项目完成情况进行专家评定、绩效评估、居民满意度评价，项目结题后根据评估情况发放800—1200元的项目绩效考核奖，鼓励社工积极开展项目化社会工作。

三、创建社区治理创新园，助推多元主体紧密聚合

2015年10月，在上级部门的大力支持下，上羊市街社区建成了全国首个"左邻右舍"社区治理创新园。园区总面积1000余平方米，一站式受理的公共服务站、收集民情民意的邻里值班室、为居民提供休闲娱乐的邻里天地、杭城首个公益创客空间，构成了社区、社会组织、社会工作者三位一体的"三社联动"创意集群中心，充分发挥社区广纳各方、包容共享的平台优势，社会组织立足公益、机制灵活的载体优势，专业社工深入基层、助人自助的专业优势，让"三社联动"的工作模式和形态从理论走向现实。园内特设社会组织孵化园，引入WABC无障碍艺途、亲民社会工作服务中心、益优社区互助中心等10余家知名社会组织入驻，为其免费提供场地、水电和资金扶持，为社会组织孵化出壳扫

清障碍。同时，积极培育了爱邻社区服务中心、残疾人民间艺术制作中心、尚扬社区共融服务中心、益佰社区青少年成长发展中心、和美社区服务中心、上羊邻里食堂等10余家本土注册类社会组织和20余家备案类社会组织，为居民提供养老帮扶、残疾人就业、青少年成长、大学生就业、失业人员再就业发展、邻里互助服务等各类接地气、专业化服务150余项，服务居民2.6万余人次。该项目得到国家民政部、团中央城市青年工作部及多家主流媒体的广泛关注和高度赞誉，已接待各地参观团580余个1.8万人次。亲民社会工作服务中心的老年智能手机学习小组项目、爱邻社区服务中心的万人广场舞项目、残疾人民间艺术制作中心的手绘20国国花等引起了中央电视台、新华社等中央媒体的广泛关注。

四、搭建"四联"服务平台，助推社会工作服务无缝对接

采取工作联议、项目联做、服务联合、文化联姻的"四联"方式，发挥"三社联动"优势，为社会组织提供培育孵化、活动阵地、能力建设、信息交流、公益资源共享等全方位服务，实现社区、社会组织、社会工作者有机融合，统筹推进，联动互促。

一是工作联议。严格落实"月坛季会"联系机制，每月组织一次社工论坛，组织社区负责人、社会组织负责人共同探讨社区治理中的重点、难点问题。集合多方智慧，促进问题破解。每季度召开一次联席会议，社会组织负责人参加，每季度就服务项目安排、开展志愿服务、参与社会治理等具体事宜进行商讨。比如，2018年3月，社区针对金狮苑小区"脏乱差"等群众普遍关注的老大难问题组织召开联席会议，商讨解决办法。亲民社会工作服务中心提议通过项目化运作方式，采取开放式空间手段，由居民参与解决。在社区组织的共同引导和带动下，居民

主动参与到社区环境治理中来，最终这一老大难问题得到解决。在此过程中，居民的自治能力和主动参与意识得到提升，社区社工专业技能得以提高，取得了意想不到的效果。

二是项目联做。发挥园内社会组织资源集中的优势，按照双孵化原则，每季度组织开展"义仓义集"公益基金众筹行动，整合辖区爱心企业、爱心人士、公益组织开展资本众筹和爱心义卖，至今已收到捐赠物资百余件、善款2万余元，全部用于社会组织公益项目资金。同时，以社会工作项目分类居民需求，引导社会组织承接养老、助学、社区营造等社会工作服务项目16个，把政府服务不到的"角落"管起来。

三是服务联合。建立"邻里参谋部"联合机制，将业联体组织中的能人吸纳到"参谋部"中来，当遇到社区重点、难点问题时，按照事件的类型有针对性地召集某一个参谋部，使社会工作者在社区邻里间有了

电梯加装多元协商会现场

用武之地。同时，联合社区内公益组织积极参与到"家园义工"队伍中来，并组团参与助老助残、家园美化、青少年校外教育等行动，认领微心愿、微项目80余个。邻里值班室工作模式在浙江省社区社会工作论坛上被作为工作典型并进行推广，且成功入选第二届全国社区社会管理体制创新优胜成果奖，在2014年央视《社区英雄》栏目中获得专家高度肯定，还赢得了25万元的社会公益基金。

四是文化联姻。社区联合社会组织开展道德讲堂、情景式党课、最美邻里宣讲会等10余场次，广泛传播和谐、祥和、融合、合作的"和合文化"理念，充分展示了"三社联动"机制的"文化组合拳"作用。如今，社区的邻里舞台、邻里学苑、邻里天地等已经成为居民议事、娱乐、学习、互动、交流的重要场所，成为上羊市街社区乃至紫阳街道的群众的文化交流中心。全天免费开放的空间吸纳了辖区及周边居民、各类文化社团30余家，书画、曲艺、乐器、歌舞、折纸、编织各类艺术形式荟萃，每天上演着文化大餐，和谐的家庭文化、和睦的邻里文化、互助的志愿文化得到进一步推进。

第四节 创建"全国民主法治示范社区"

上羊市街社区坚持加大依法治理力度，维护社区的社会政治稳定，在创建"全国民主法治示范社区"过程中，社区紧紧围绕"民主法治、公平正义、诚信友爱、充满活力、安定有序"的和谐社区工作中心，以提升居民生活品质和文明程度为目标，坚持以人为本，积极推进"四民主、二公开"，广泛引导居民学法、用法，以民主法治促进民主自治，以和谐创建带动法治创建。通过召开党员会议、社区居民代表大会、老干部座谈会等形式征求意见，并制订具体实施方案，使各自治组织机制健全、职责明确，使各项工作有序开展，收到良好效果。几年来，社区内未发生重大刑事案件，民事纠纷调解率达到100%，成功率98%，获得"全国民主法治示范社区"荣誉称号。

一、加强领导管理，健全民主机构

社区高度重视全国民主法治示范社区创建活动，把创建工作摆在基层依法治理的重要位置，加大组织领导力度。为加强对创建工作的领导，成立了创建工作领导小组。由社区党委书记任组长，社区民警、综治委员为副组长，维稳专管员、流动人口管理员、法制宣教员、社区律师、志愿者以及辖区单位代表等为成员，齐抓共管，并建立健全了相关工作职责、制度，形成了良好的工作运行机制。

二、完善民主制度，精心组织实施

一是健全组织，构成体系。社区为推动普法活动开展，先后建立了七个组织：第一是建立由社区主要领导负责的社区普法教育领导小组，完善工作责任、工作制度和议事规则，充分发挥领导小组在社区普法和依法治理中的领导作用；第二是在社区各党支部设立普法辅导组，明确普法联络员；第三是设立社区律师工作室，每周三律师进社区，4个生活小区有3名以上的"法律事务明白人"；第四是建立社区法制学校，定期授课；第五是设立社区邻里和事佬协会，建立协会章程；第六是设立楼道大管家、邻里值班室，小事找管家，大事找社区；第七是建立一支社区法制文艺宣传队，义务宣传法律知识。由此形成了以社区党委为核心，以社区成员代表大会、社区共建（议事）委员会、社区居民委员会为主体，物业公司和辖区共建单位负责人共同参与的普法教育组织体系；建立起社区普法教育领导小组—普法辅导组—律师工作室—法制学校—邻里和事佬—楼道大管家、邻里值班室—义务宣传队构成的社区法律援助体系。

二是固基培根，梯次造势。为适应不断深入的普法活动需要，社区工作人员制订了详细的学法计划，由社区普法领导小组组长定期检查学习的进度，开展季度"普法知识问答"，检验学习的质量效果。要求社区工作人员以家庭为单位开展学法、用法活动，使社区干部成为普法教育的排头兵；要求社区工作人员自觉运用法律解决日常工作中的各种矛盾；要求社区工作人员在与居民接触的时候讲法、用法，不断固化法律基础，呈放射状逐步扩大影响，以梯次式营造社区普法教育的氛围和声势。

三是运用载体，正确引导。第一是通过开展形式多样的活动凝聚人气，烘托普法氛围；第二是利用开发的《生命旅程》软件和96345便民服务中心等载体，向居民宣传与居民工作生活密切相关的法律法规，提高居民的学法用法兴趣；第三是用家喻户晓的事例（影视新闻）宣传引导敬老爱幼、助贫帮困、崇尚文明，以推动维护社会和谐稳定、促进社会公平正义的相关法律法规宣传教育；第四是围绕"五水共治"、食品安全等居民关心的事情，宣传依法治理；第五是通过开展消防演练、人防疏散演习及交通安全、生产安全知识问答，利用板报、法制宣传厨窗、电子显示屏、横幅标语等形式，促进普法教育深入持久开展。

三、注重学法普法，狠抓民主落实

一是开展居民普法教育。利用市民学校、黑板报、宣传栏、标语及上门发放宣传资料等形式进行全方位法制宣传。社区制定学法制度和年度学法计划，每季度组织居民、社区干部、党员学法一次，社区居民参与学法累计达8000多人次。社区将公民基本道德规范、交通安全、法律知识图片作为宣传等活动的内容和形式；开展一季一次的座谈会，促进广大居民学法、懂法、守法、用法。社区居民自我教育意识和居民整体素质不断提高，为加快社区建设起到了积极的作用。通过创建"全国民主法治示范社区"，居民遵纪守法、自治意识得到增强。近几年社区无重大刑事治安案件，居民感到了民主法治给社区带来的巨大变化。

二是开展外来人口法制教育。社区把管好出租屋和流动外来人员作为工作重点，对流动、暂住外来人员上门登记，进行摸底排查；对排查出的流动人口及暂住外来人员进行造册登记，做好管理、教育、服务工作，并进行广泛的法制宣传。社区通过传单、标语、橱窗、广播等形式广泛宣传法律制度，使社区居民对开展民主法治社区活动家喻户晓，人人皆知。

三是普及育龄妇女计生政策。以创建计划生育先进社区活动为切入点，按照街道计生办目标责任书要求，努力搞好社区计生工作。为使育龄妇女进一步了解计生方面的知识和惠民政策，社区对常住已婚育龄妇女和流动已婚育龄妇女发放了计生温馨服务卡。结合社区情况，社区召开两委会研究决定，对辖区全员人口进行全面彻底的登记造册。为了便于对育龄妇女更好管理，社区工作人员分片包干，责任到人，挨户登记，在辖区内进行拉网式摸底，建档建卡，使社区没有出现违反计划生育政策行为。

四、强化法制宣传，注重居民服务

一是开辟内容丰富的静态法制宣传阵地。社区挂牌成立了上羊市街社区法制学校和青少年法律学校，完善了法制教育电化教育设备，坚持定期上法律辅导课；社区由上级司法部门下派的驻区律师担任常年法律顾问，有的放矢地开展法制教育活动；利用法制宣传专栏，定期展出与社区居民切身利益密切相关的法律法规、案例；免费开放社区图书室，更新法律图书，使居民真正养成平时学法、办事依法、解决问题靠法的良好习惯；在社区学校经常开展喜闻乐见的法制教育活动，提高居民的自律、自治能力。

二是建立形式活跃的动态法律服务队伍。邀请在社区居住的法律从业人员和高校法律专业学生作为志愿者，参与法制宣讲，接受居民法律咨询；法制文艺宣传队不定期地开展巡回式法律宣传演出活动；世博平安志愿者、社区治安巡逻队、消防义务宣传队、社区法制宣传员、人民

平安志愿者巡防

调解帮教员等按工作计划和居民实际需求，开展治安消防巡逻排查、更换消防设施、挂贴横幅标语、上门送宣传资料、调解帮教走访等活动，为确保一方平安，昼夜奔波。

三是培养作用各异的法律服务后备力量。为提高青少年自我保护意识和安全防范意识，社区青少年法律学校定期组织《预防未成年人犯罪法》与《未成年人保护法》学习，开展"四好四无"家庭评选、优秀社区青少年评比活动，建立青少年普法教育义务宣传队；利用青少年"小手拉大手"，开辟家庭法制教育小阵地，进行"禁赌、禁毒"法制专项教育；为防止未成年人进网吧、歌舞厅等娱乐性场所，成立社区老党员义务督查队，佩戴统一的标志标牌，不定期进入辖区网吧、酒吧、迪厅进行巡查；建立法律应用指导队，为居民提供法律咨询、调解纠纷、代写法律文书、办理非诉讼法律事务、协办公证等服务。

四是结合社区群众性活动开展法制宣传。利用社区居委会换届选举的契机，对居民进行《选举法》和《城市居民委员会组织法》的宣传教育；在全市"打造品质生活之城"活动中，对居民进行城市环境卫生管理方面的法律法规的宣传；在科普宣传周、学雷锋日、国际禁毒日等重大纪念日举办科普文化活动，以图板展示、科技服务、法律咨询、禁毒反邪教、科普法有奖知识问答等方式展开；组织老年人举办《老年人权益保护法》法律知识讲座；结合杭州市"无邪教社区"的要求，积极组织辖区居民开展"禁毒反邪教"法制宣传；针对本社区老房子多，经常组织居民学习《消防法》和《安全生产法》；组织外来人员参加《治安管理处罚条例》《人口与计划生育法》《婚姻法》相关讲座等，营造浓厚的学法氛围。

五、注重工作特色，普及法律知识

上羊市街社区作为市"律师进社区"试点单位之一，为方便居民获得法律援助，设立了律师工作室，同社区矛盾纠纷会诊室合署办公。家门口的律师事务所和专业的法律援助服务得到了广大居民的一致肯定和好评，帮助社区居民现场处理法律纠纷案件多起，调解成功率98%以上。通过一系列有计划的法律培训和法律服务，居民的普法意识不断巩固，法律素养不断加强。

一是法律咨询有问必答。律师到社区，经常与社区居民交流，解答社区居民的法律咨询；"法律事务明白人"在社区服务站办公，能回答的问题当面解答，对不能当面解答的，按"首问责任制"要求，通过咨询社区律师或查询法律条文进行及时解答。

二是消除隐患有情必查。每日对社区网站、社区法律咨询服务站、邻里值班室及各类民情巡查队伍提供的社情信息，进行分析处理，一有不安定因素立即进行查访。当日情况当日查访，当日无法查访的及时移交次班人员查访，做到民情不堆积，隐患不遗留。

三是群众诉求有难必帮。对梳理的群众诉求能迅速作出反应，开展针对性工作。对邻里间的矛盾、纠纷由社区调解员、社区律师、社区民警及时调解处理，多次调解未果的请求法律援助；对发生的家庭矛盾，由楼道大管家、邻里和事佬先期介入劝导，无果的由社区调解员进行处理；出现的家庭困难通过就业帮扶、爱心银行、结对帮扶、筹集资金慰问残疾人和低保户（困难户）等弱势群体，做到应保尽保，应帮尽帮；对涉毒人员、归正和纠正人员以及"法轮功"练习者，在采取正当的司法管制的同时，开展"爱心帮教、结对帮教"；对老年人、企业退休人员和残疾人进行免费体检，建立健康档案；针对居民关注的热点、难点问题，社区想方设法联系职能部门予以解决。

四是提供服务有帮必果。建立和完善社区"首问责任制"，按照"谁接手谁办理，谁主管谁负责"的原则开展工作；严格执行《社区公共服务承诺工作机制》，组织公共服务听证、监督、评议工作；严格按照《社区公共事务办理程序工作机制》，办理社区服务公共事务，如对接访工作，严格按照接收、记录、调查、督办、反馈的工作程序操作，严查遇事推诿、办事拖拉的人和事。

第五节　积极推进社会治理创新

近年来，社区围绕"历史第一"和"现实第一"相融合这一社区建设的大目标，因地制宜，努力探索，走出了一条立足自身、引导参与、共建共享的和谐社区建设之路。在上级党委、政府的领导下，社区充分发挥基层社区作为地区性小社会的作用，自觉地将各方力量融入社区建设和管理中来，推进多元参与，整合社会资源，积极建设社区复合主体，培育民间组织，全面开展全方位的居民自治，搭建居民自助互助的平台，提高社区自我服务和自治管理的水平，在社会治理中发挥了积极而有效的作用。

一、落实政府公共职责，实现公共服务全覆盖

社区是行政管理和基层自治彼此对接的最重要的平台，政府在社区建设和管理中承担着不可推卸的责任，是社区工作的一个重要主体，在一定程度上，社区参与的全面展开是以政府积极主动地履行公共服务和社会管理职责为前提的。因此，为社区居民提供全面、便捷、优质的公共服务成为社区的一项重要职责。近年来，社区在区、街道的高度重视和大力投入下，不断提高软硬件建设水平，着力实现公共服务的全覆盖。

一是积极加大投入，完善基础设施。针对辖区人口结构和居民需求特点，社区按照"起点高、设施新、用途广、配套全、功能多"的原则，科学规划，合理布局，在寸土寸金的老城区，分别完善了社区各大服务中心，为各方参与社区建设和管理提供了可靠的物理和社会空间。

除设立社区一门式办事大厅，提供一站式公共服务外，还通过设立居民议事中心、便民服务中心、社区警务室、党员服务站、残疾人康复中心等，为居民提供接受公共服务、开展自助互助的有效空间；借助设立面向特定人群的为老服务中心，提供老年食堂和老年人日托、聊天、洗衣、休闲活动、殡葬一条龙等居家养老服务。各类服务机构的建成，确保了政府职能在社区的全面落实，为社区居民以多种形式参与社区事务创造了必要而良好的条件。

二是整合社会资源，完善社区服务。社区服务是社区的首要功能，在政府职能转移的背景下，必须加强社会资源的整合，建立多元主体的社区服务体系。上羊市街社区以民主参与为中心，探索"社区复合主体"的新体制，建立了由社区党委、社区居委会、社区公共服务站、辖区单位、院校、社会组织等组成的

社区营造在行动

社区公共管理委员会，不同主体协同合作，资源得到整合，优势实现互补，大大加速了和谐社区建设的进程。

在加强体制建设的同时，社区非常重视机制的创新，使机制的作用得到充分落实和有效发挥。为此，我们在上级部门的指导下，探索实践了"333+X"社区服务体系建设。在社区党委的核心领导下，通过全方位、多层次、立体式服务于居民的实际过程，挖掘和发挥了社区复合主体的潜力和效能。"333+X"社区服务体系主要内容包括："3个主体"——政府、社区、社会组织；"3类载体"——社区公共服务站、居民委员会、社区其他各类组织；"3种体系"——公共服务、公益服务和商业服务；各方协同合作，根据居民需要，开发出若干个服务项目，涵盖了吃、住、行、游、购、娱、健等各个方面，让社区成为名副其实的居民充分享受各类服务和权利的"生活家园"。比如，通过对辖区内所有60岁以上老人进行分类定级，通过社会组织运行的养老信息中心进行信息互通，整合各行业数百家服务商实现服务落地，真正实现居家养老全覆盖；医疗卫生服务站为居民建立了健康档案，对重点对象提供跟踪服务和上门服务，"小病不出社区，大病及时转诊"的目标成为现实，社区卫生服务水平和居民健康水平明显提高。各项社区服务充分体现了"设计合理，就近方便，价格合理，温馨舒心"的特色。

三是打造数字社区，提升服务效率。信息化技术是现代社区服务业的有力助手，为进一步提升服务效率，社区创新思路，积极推进以信息化技术为主的现代社区服务业。第一是不断完善社区管理、服务平台，一方面建立了社区居民数据库，结合相关户籍信息实现动态管理；另一方面搭建有效的社区政务平台，实现公共一站式服务。第二是率先开通数字电视社区信息化频道，通过该频道及时发布公告信息，整合各类资源提供服务信息，大大方便居民查询所需信息。第三是开发"生命旅程"信息服务系统，将人的一生分为少年、青年、壮年、老年四个时期，分门别类整合不同时期所需的公共服务及政策法规等相关信息，通过各种媒介提供给居民查询。第四是引进社会组织，建立居民信息处理中心，通过为每个家庭安装呼叫终端，接收不同的服务需求信息，及时流转，提供便利的个性化服务。

二、健全完善民主制度，促进居民自治参与

社区是行政管理向自治管理转换的途径和平台，推进居民自治，实现基层社会的公共治理，是社区建设和管理的最重要内容之一。为此，上羊市街秉承了60年来的居民民主参与和自治的优良传统，始终将积极引导社区居民的民主参与作为社会管理的重要抓手。

一是健全民主制度，保障居民自治良好运行。社区居委会一直以来严格按照《城市居民委员会组织法》的民主选举要求，每一届都积极发动居民直接选举产生居民自治组织——居委会。2010年，更是融合了现代信息技术，电视直播居委会委员的竞选演讲，进一步扩大了参与面。在此基础上，创造多种形式，建立相关制度，全面推进社区民主自治，把"党领导下人民当家做主"的方针政策落到了实处。

基层自治的民主原则需要在选举中得到贯彻，更需要在社区的日常运作中得到体现。为此，社区建立了居民对居委会工作的民主评议制度，坚持居委会成员定期向社区居民代表大会和社区议事监督委员会报告工作，接受评议。社区还确立了民主议政日，实现"协商式民主"。每月初定一日为民主议政日，社区召集企业代表、物业公司代表、业主委员会代表、居民代表参加会议，共同研究多方之间出现的问题，探讨

更好的合作方式。这些制度保障了居民的知情权和监督权，使居民参与社区建设、民主决策、民主自治有了保证，也促进了居民与政府、社区及其他各类组织间的良性互动。

二是培育社会组织，促进民主参与管理服务。居委会是实现居民自治的重要平台，但不是唯一的平台。为让更多的居民能够以自己的方式参与到社区公共事务中来，拓展基层民主途径，提高自治质量，社区积极发动各类社会力量，通过建设"邻里"品牌，引进和培育各类社会组织，不断提高居民参与和自治的能力与水平。

首先是培育草根性的民间组织开展自主互助服务。2009年，社区创建了第一批邻里值班室。值班室以300户左右居民为基数，每个值班室有4—5名值班员，一般由退休党员、居民小组长、退管组长和志愿者等热心居民自愿担任，值班长每季轮流任职，值班点设在值班员家中，并在各楼道内公布联系方式，24小时为居民服务。同时，在社区服务中心设立总值班室，供值班员、值班长交流、讨论。邻里值班室通过建立联席会议、工作例会、民情采集、处理评估、结果反馈、档案汇总、评级评先等工作制度，形成从接到居民诉求到及时介入、多方参与、专业帮扶，再到问题最终的解决、回访、归档这样一个有效闭环系统，较好地发挥了动员居民参与、加强邻里沟通、强化邻里互助、平息邻里矛盾、收集民情民意等方面的职责作用。邻里值班室成立以来，搭建了邻里互助、民情采集、民主协商、矛盾化解、活力凝聚、社工转型等六大功能平台，在维护社会稳定、营造和谐睦邻文化等方面发挥了积极作用。在浙江省社区社会工作论坛上，邻里值班室的工作方法在全省推广，成为新时期开展基层群众自治的典型经验。

此外，像以"融洽居民关系，排查化解民间矛盾，维护社会和谐稳定"为使命的社区和事佬协会，在小区车位划分、绿化种植、小区基础设施建设方面开展民主监督的各类民间监理团队等，都在一定程度上推进了民主管理，激发了居民当家做主、建设家园的热情。

其次是培育公益性的社会组织，提供便民利民服务。随着社会物质生活水平的不断提高，人们对于服务的需求也在日益增长，往往单独一个社区的资源已经很难满足社区居民的各种需求，需要整合一定区域内的资源来提供更贴心的服务。比如社区残疾人民间艺术制作中心，经过组织领袖及成员的不懈努力，加上社区的精心培育，到目前为止已经可以实现自我运作，并且实现创收，解决了辖区内近30名残疾人的就业问题，有效促进了弱势群体融入社会。

最后是培育专业性的社会组织，开展专业化的社会服务。实践表明，单单依靠政府单方面的努力已无法满足居民越来越多样化的物质文

邻里公益

化需求。为此，社区在"333+X"社区服务体系的理念指导下积极搭建平台，整合社会资源，培育民办非企业单位来承接各类专业化的社会服务。比如大管家服务社，经过近三年的培育，已经从一个社区的信息处理中心发展到上城区居家养老信息处理中心，成为居家养老全覆盖工程最重要的基础性平台；小米便当，已经成为社区近200名老年人青睐的老年食堂。加上街道范围内的青禾养老服务集团，确保符合要求的老人都能享受到政府的居家养老全覆盖工程，全面提升居家养老的生活品质。

三、实施社会工作专业介入，创新基层社会管理手段

当前，我们国家经济社会发展迈入一个关键的转型期，很多新的社会问题不断呈现。作为社会管理的基层组织，社区同样面临着许多形形色色的新矛盾、新问题，如仍然一味沿用传统的工作方法已是捉襟见肘。因此，在完善社区管理和服务的同时，社区十分注重传统群众工作与专业社会工作的结合，即在诸如邻里值班室此类的民间智慧基础上，配合专业的社会工作理念，整合各方资源来应对日益复杂的利益冲突和矛盾。

一是多方联动，融入社会工作理念。2010年起，社区按照上城区"校社合作"的有关指示精神，与诸所高校社会工作专业达成了合作意向，首次将社会工作理念引入和谐社区建设。社区分别以项目化的形式，引入复合治理思想，通过政府、社区、居民自治组织、高校的合作，逐步实现社区社会服务的专业化。通过"服务—学习—研究"的整合推进，为社区居民提供专业化服务。在服务过程中，社区社工、邻里值班室工作人员、社工专业师生相互学习，总结社会工作本土化

经验，在服务中开展研究，对服务进行研究，不断提高社区工作的专业化水平。

二是专业介入，化解基层社会矛盾。通过专业介入，社区开始尝试应用专业的工作方法来应对一些棘手的新矛盾、新问题。社区针对这些问题建立个案开展帮扶，同时由学校社工专业导师、学生和邻里值班室值班长等一同协助跟进，共谋对策。该模式应用以来，在化解社会矛盾、解决社会问题、融洽邻里关系、帮扶弱势群体等方面都得到了很好的效果，为我们指明了一条正确的创新路子。比如社区内一位老人，由于历史问题以及家庭成员关系紧张等因素，经常性地引发其与子女和邻居之间的口角、矛盾，成了社区的一大难题。针对这一个案，浙江树人大学的社会工作专业学生与社区工作者在专业导师的指导下，全面评估了她的社会关系，从心理学、社会学等不同的角度进行了仔细的分析，制订改善其个人因素和环境因素的详细方案。最终由这些学生和社区工作者一起开展了3个多月的服务后，老人的生活发生了明显的改善，与子女和邻居之间的关系也变得和谐。

三是知行合一，培养专业人才队伍。社区工作者在社会工作专业导师的指导下，在社区开展专业的社会工作服务，在不断的实践中学习社会工作专业理念，促进了个人素质和工作能力的提高；同时越来越多的社会工作专业学生开始沉入社区开展专业服务，获得了最为切合其专业的实践机会，进一步促进了专业人才的就业，壮大了社工队伍，促进了社区工作专业化、职业化发展进程。除此之外，在实践和理论的配合下，成功培养了一批具有丰富实践、理论经验的基层社会管理人才，对加强社会管理发挥了重要的人才保障作用。

第五篇 甘于奉献的社区人

社区是社区党员干部和社工工作的对象，是为民服务的工作站；同时，社区也是全体居民的社区，是社区居民的家园。把社区建成居民美好生活的家园，既是社区党员干部和社工的责任，也是社区居民共同的心愿。建设社区为大家，建好社区靠大家，秉持这样的理念，上羊市街社区党员干部和社工热情为居民服务，很多社区居民热心参与社区事务，甘于奉献，乐于奉献。

甘于奉献的社区人

第一节　陈浩：实实在在为居民办好事

2017年9月25日上午，杭州市建国南苑14幢楼下，密密麻麻摆满了花圈。

"音容宛在，浩气长存""小陈主任，一路走好"……一副副让人哀伤的挽联，表达了逝者亲友的无限哀思。

他叫陈浩，1987年出生，上羊市街社区主任。2017年9月23日，他永远离开了牵挂的亲友，离开了热爱的事业。

这两天，络绎不绝的社区居民自发前来吊唁。"我们家的屋顶漏水，是小陈主任帮忙弄好的。""小区自来水管老化，小陈主任跑前跑后。在他走的前一天，自来水通了。"……站在灵堂里，他们说着说着就红了眼眶。

居民：他要啃掉"硬骨头"

遗像中的陈浩，大眼睛，高鼻梁，是一个阳光俊朗的大男孩。

灵堂里，陈浩的妻子马近晓泣不成声。"那天是周六，他一早起床要给我做早饭。我说你这么累，多休息一下，他就又躺回去了。"可上午10时30分，妻子却怎么也叫不醒他，连忙打了120急救电话，并给他做心肺复苏，但已经来不及了。

上羊市街社区老年人多，老房子多，历史遗留问题也多。半数以上的小区没有物业公司，社区主任就是一个"大管家"。

在62岁的单炳良印象中，陈浩话不多，但他说出来的每一句话，都有行动在背后。"我们社区老人很多，总有些人爱乱堆杂物和垃圾。小陈说要啃掉这些'硬骨头'。"单炳良告诉记者，"陈浩亲自上门发通告，组织社工、党员一起清理垃圾，这样坚持了三四次，情况开始好转。"

70岁的金水德印象最深刻的是水表问题。金狮苑小区7幢和8幢原来没有做到一户一水表，居民代表收水费，要从一楼跑到七楼。后来陈浩牵头做好了一户一表改造，困扰大家多年的"老大难"问题终于顺利解决。

老小区卫生问题反反复复，陈浩从不言弃："有问题我们就去做，总有一天居民会被我们打动。"

同事：他凡事都要冲在前

上羊市街社区党委书记邹紫娟，是陈浩朝夕相处的好搭档。570天，是邹紫娟与陈浩并肩奋斗的日子。

"陈浩很拼，凡事都要冲在前。"邹紫娟回忆。每当遇到台风天等突发情况，社区安排值班人员，他总是第一个报名，理由是家离单位近。"他一直觉得，社区主任要打前锋，其他人会跟着干。"邹紫娟说。有时候看到陈浩太辛苦，让他歇一歇，换来

登革热高发期间，陈浩同志帮居民清理积水

的却是一句关心话："我不累，没事。你胃不好，再忙也要按时吃饭。"

2016年12月15日，陈浩转为正式党员，邹紫娟就是他的入党介绍人。她还清晰地记得，陈浩认真宣读入党誓词的样子。"他把党徽佩戴在胸前，说会以党员的标准严格要求自己，实实在在为居民做实事办好事。"一转眼，音容宛在，斯人已逝。

社区工作人员王力说："陈浩工作很细致，为了防蚊灭蚊，小区里一个瓶盖的积水，他都不放过。老小区里，不少居民年纪大、性格偏、不听劝，陈浩就等晚上居民睡觉了，再去小区处理积水。"

在基层，卫生线和城管线的工作特别繁重，陈浩一个人挑起了两担活。在建兰中学附近，无处堆放的大件垃圾，是陈浩带着人敲成碎块叫车运走的。"手被玻璃划破了，脚上扎钉子了，都是常有的事，他从不抱怨。"王力说，"陈浩干起活来很卖力。"

踏实努力、勤奋能干，他给社区留下了宝贵财富。金狮苑小区的居民自治，就是在陈浩手里搞起来的。那年，金狮苑小区物业突然撤走，车库垃圾堆积成山。陈浩牵头组建了临时业委会，还叫车清走了满满五车垃圾。

单炳良曾经向陈浩反映说："小区绿化四年没动了，明年春天是否要补种一批？"陈浩当场就给街道打电话，并把这件事敲定下来。单炳良哽咽着说："这是我们与陈浩最后的约定。只要我们在，就一定要把这件事做完。"

亲友：不知道他这么累

儿子、丈夫、女婿……陈浩的每一个家庭身份，都贴着一个标签：大忙人。每次家庭聚餐，他都是最晚到的那个。"知道他工作忙、辛

苦，但不知道他这么累！"这也
是陈浩的亲戚朋友们念叨最多的
一句话。

　　陈浩的父亲陈国海，最近一
次和儿子见面，是在半个月前。
陈国海说，看到陈浩这么忙，他
有时候也想让儿子缓缓，结果陈
浩每次都很认真地回答："既然
做了，我就要做好！"

　　"他是别人一说下水道堵
了，就能立马挽起袖子下手去掏
的那种人。"陈浩的岳母一边
说，一边抹着眼泪，"我看他工
作这么忙，也劝他换个工作，他
说自己喜欢这个工作。"

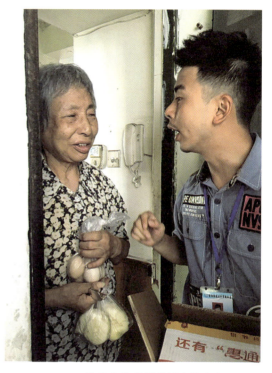

陈浩走访慰问社区高龄老人

　　在妻子眼里，这个丈夫就没闲下来过。马近晓说："陈浩有两个手
机，一个是工作专用手机，另一个是生活手机。"翻开他的生活手机，
里面也全是和工作有关的事。微信里将近20个工作群，弹出的新消息很
多都是已读；相册里，全是检查小区卫生环境的照片，一张照片记录着
一个卫生死角。

　　2017年9月23日上午9时20分，陈浩在人世间的最后一句话，定格
在上羊市街社区工作群里："照片保存好，像这类堆积物，只能先打报
告，再让工人来清理。"

　　微信朋友圈里，一条条满含着热泪的评论，不断跟进：

"你的踏实努力，你的冲锋在前，你的幽默机智……浩浩，希望你一路走好！"

"你是脚踏实地、英勇无敌的浩哥，除了尊敬还是尊敬！"

"你曾经说过为居民服务是很开心的，很乐意为人民服务，我们为你感到骄傲……"

30岁的短暂人生，陈浩用踏踏实实的行动，诠释了"为人民服务"的含义。

（吴佳妮、周洲、陈健，2017年9月26日《浙江日报》）

第二节　邹紫娟：尽心尽责敢担当

　　在社区工作人员眼里，她总是冲在攻坚任务的最前线；在居民眼里，她是亲切随和的"小巷总理"，总能让他们感到安心满意：她就是紫阳街道上羊市街社区党委书记邹紫娟。她也是省、市、区党代表，区人大代表，曾先后被评为省级千名好书记、市优秀党委工作者、全国"小巷总理"、第二届杭州市魅力社工、区优秀党员，多次被评为上城区优秀社工等。"少说虚话，多做实事。说一千道一万，不如带头一起干"，是邹紫娟一直秉持的做事准则。

2018年4月，邹紫娟在全国首届社区大讲堂上介绍"六步工作法"

带头示范，打好"五水共治"攻坚战

上羊市街社区东依贴沙河，西邻中河。河畔的居民都是在此居住30余年、土生土长的"老底子"，早已养成了河里淘米、洗衣、游泳、垂钓等生活习惯。现在，杭州大力推进"五水共治"，吹响"剿灭劣Ⅴ类水"冲锋号角，意味着要改变居民们的生活习惯。这可是一场持久战，但邹紫娟并没有退缩。她刚上任便采用软、硬互补工作方法，落实"三聊二队一室"工作举措。"三聊"是"家常座聊""河边陪聊""信步闲聊"的"聊天"劝导法；"二队"是巡查队、督导队；"一室"是护河工作室。此外，她还组织了一支由居民、社工、共建单位等组成的党员劝导队，自己率先垂范，戴着红袖章每天早、晚在河边蹲点，一边与洗衣和垂钓居民拉家常，一边有意无意地进行劝导。通过一段时间的"陪聊"，以往每天到河边洗衣的陈阿姨被她的坚持弄得无可奈何，摇头说："邹书记，我服你了，明天我一定不来洗了。"与此同时，在社区党委的指导和发动下，在职党员、退休党员通过认领护河微项目、微心愿等形式主动参与、主动作为、主动担当，充分发挥先锋模范作用。功夫不负有心人，洗衣和垂钓的居民一天天在减少，后来几乎见不到了。

但这些成绩并没有让邹紫娟停下脚步，为了让前期"五水共治"取得的成果常态化，邹紫娟提出了"把支部建在河道上"。2017年3月，应运而生了两个河道党支部——"中河党支部"和"贴沙河党支部"，并组建了水质观察团、银发巡查队、红领巾护水队等民间组织，由党员主动参与治水护水，从而带动更多人参与到护水事业当中，真正实现由"社区管水"到"党员带头，全民治水"的改变。

多元协商，巧解"环境整治"困局

望江路农贸市场南靠金狮苑小区，东邻望江公寓，因为望江路不让随意停车，不少经营户索性把运菜的车子停进小区，十几辆面包车堵在小区大门出入口和消防通道中，阻碍车辆进出，造成严重的安全隐患。部分经营户甚至不顾小区环境，菜篓、垃圾随地乱扔，绿化带成为市场垃圾填埋场，腥臭的血水几乎每天流淌在楼院内，流进楼道里。市场每天半夜3点发出的噪音严重影响小区居民正常生活，周边居民苦不堪言。"看看，绿化带上垃圾堆得如山高，臭气熏天，靠近农贸市场的那几幢居民楼，住在一、二楼的人家夏天都不敢开窗。还有，大清早农贸市场就开张了，噪音太大，我们根本没法睡。"之前社区为此曾采取过

邹紫娟走访居民，听取居民对农贸市场的意见

不少措施，但是始终无法彻底解决。几年来，关于农贸市场周边环境问题的投诉从来没间断过。邹紫娟下定决心，一定要彻底根治这一顽疾。她走家串户了解情况，每天清晨和晚上蹲点观察经营户进出货及清理摊位情况。掌握了第一手资料后，邹紫娟与各经营户倾心交谈，了解他们的困难及就目前农贸市场周边环境他们有什么看法和建议。通过一段时间调研摸底，她清楚了市场周边恶劣环境的前世今生，于是写了有关农贸市场周边环境营造提升的方案，联系多个相关职能部门协助解决问题。同时组织相关利益方成立环境行动小组，与经营户、农贸市场管理处进行了十余次的协商。后来又做通了十多户居民的工作，让出一定的区域给经营户停放车辆，同时经营户与居民签订维护小区秩序的"五遵守""五不做"协议。通过三个月的民主协商，经营户与利益相关居民达成共识，彻底改变了农贸市场周边环境，还给了居民一个停车有序、环境整洁的生活环境。

受此次农贸市场环境提升案例启发，邹紫娟在社区中集思广益，成立了社区多元共治协商会。协商会按照民事民提、民事民议、民事民决、民事民筹、民事民办、民事民评的"六步工作法"，引导社区成员理性表达利益诉求，友善应对矛盾冲突，有序增进社区共识，有效达成协商共治，从而实现由社区"唱独角戏"到社区成员"大合唱"的完美蝶变。

迎难而上，确保无违建落地

2017年2月16日上城区发出全面推进"四个全域化"的号召以来，无违建成为社区的重点工作。而拆违和危改牵涉到居民切身利益，是块"硬骨头"，面对这一艰巨的任务，邹紫娟二话不说，带领社工们挨家挨户地走访，做思想工作。面对一些不配合甚至破口大骂、故意刁难的居民和商户，她仍旧耐心地解释，一次不行就两次，两次不行就三次……一个个"硬钉子"在她坚持不懈的努力下都被攻破了。随后，为了保证拆违和危改工作的顺利进行，邹紫娟落实"一盯二关一跟"工作机制。"一盯"——盯紧民情，即掌握整治期间居民动态；"二关"——关注民声、关心民生，即倾听居民意见，走访了解工程给居民带来的生活不便等负面影响；"一跟"——跟牢民意，即发挥桥梁作用，对接居民需求，解决实际问题。同时，她发动社区党委各支部开展微心愿、"幸福1+1"等结对活动，向独居孤寡老人、残疾人、困难家庭等特殊群体伸出援手，赢得他们的支持和好评。截至目前，上羊市街社区共拆除违建52处，面积共计1100多平方米，社区的无违建创建工作成效显著。

社区党委发动党员挨家挨户做工作，物色业委会候选人

第三节　助人为乐的社区热心人

樊建华：退休不"退岗"，服务居民无休止

樊建华，1948年5月出生，1978年11月入党，曾担任社区老居干，退休后一直为社区居民默默奉献。现任上羊市街社区第一支部书记，曾获第二届中国社区志愿者之星、优秀社区消防宣传大使、"五水共治"工作先进个人等荣誉。

远近闻名的公益之星。樊建华年轻时曾下乡到萧山红垦农场劳动，还当过袁井巷社区居委会主任，正是受她当初吃苦耐劳、热心奉献的工作经历影响，退休后便热情地投入到社区志愿者工作中来。这位老志愿者一干就是13年，是社区志愿者的领头羊。2009年，上羊市街社区成立了邻里值班室，樊建华积极报名成为值班员，为周围的邻里值班，帮邻居收衣服、代接孩子、照看孤老和协调庭改工程、自来水接入等等。樊建华一直默默地在邻里值班室坚持，使得邻里守望相助蔚然成风。2012年，樊建华还代表杭州参加了中央电视台十二频道的慈善基金PK，为社区争取到了25万元慈善助残基金，用于社区无障碍设施的安装、修建，为社区孤寡独居老人、残疾人提供便利。同时，在全社区面向残疾人开展"面对面"的帮助。基金投入使用以来，樊建华收到了来自居民的感谢信和旌旗。

闲不住的社区大管家。G20国际峰会前夕，街道、社区要组织招募大量平安志愿者、紫阳管家，为峰会保驾护航。樊建华当仁不让，主动

樊建华（右一）带领支部党员开展巡河活动

申请加入紫阳管家、平安志愿者队伍，并当起袁井巷小区的微网格长，8幢房屋29个楼道，她一个人就招募了41人，并提出"套餐式"管家模式，既是紫阳管家，也是平安巡逻者。她还组织召开片区会议，说清紫阳管家工作事项，明确志愿者巡逻时间、路线。在邻居们心目中，她早就是社区的"大管家"，有事找她已成家常便饭。吵架闹矛盾、堆积物扔楼道、群租户扰民、电控门报修、楼道灭火器缺失、高龄老人慰问以及小区内高空抛物等不文明现象，她都要去管一管，大家也都愿意向她反映。

"我是一名党员，人虽然退休了，但是为居民服务的心始终不会退休，我会一直为社区、为居民群众奉献自己的力量。"面对别人劝说她该歇一歇时，她这样说。

傅水炎：76岁老人贴沙河救人

2015年4月24日上午8点30分左右，江城路响水坝小区附近的贴沙河边，作为护水队队员的傅水炎像往常一样从候潮公园锻炼回来后巡查河道，发现有一群人围在河边，突然有大妈大喊："有人落水了，谁会游泳？"

事后，这位王姓大妈回忆道："我一开始看到的时候，那人还动了几下的，我以为是在游泳。可是后来再看看，居然一动不动了，浮在水面上。所以我心下一紧，难道是溺水啦？我不会游泳，所以大声呼喊，为落水者求救。就在这个时候，有个大伯闻声赶来，二话不说，纵身一跃，跳入河中救人，硬是把落水的人给捞了上来。"

跳河里救人的老人家，就是傅水炎傅大伯。老人家虽然年过七旬，可面色红润。说起那天早上救人的事儿，傅大伯谦虚地摆摆手说："应该的应该的，毕竟是一条命哪！一开始我也以为是有人在游泳，听到有人喊救命，当时没多想就跳下去了。我游到他身边，为了避免他盲目挣扎，所以先拉住他的衣角。但是他当时已毫无反应，所以我左手托住他的腋下，把他拖住拉到河岸。可是他身子很重啊，毛估估起码150斤。由于堤岸和水面之间有25厘米落差，为了把他成功放到岸上，我一手将他的一只手交给岸上的居民，一手托住他的屁股。当把他安全放到岸上后，我已经有点体力不支了，还好岸上来了好几个人一起帮忙，把我拉了上去。现在回想起来还是有点紧张呢。上了岸，我发现被救的男子肚子鼓鼓的，心想不好。幸好学过急救知识，所以我赶紧按了男人的腹部，但效果并不明显，所以又从背后进行拍打。由于男人嘴巴紧闭，我

万张红榜送好人（持好人榜者为傅水炎）

们不得不扒开他的嘴，他的鼻子和嘴里都流出了水。旁边的几个小伙子也轮流帮忙，同时拨打了110和120。溺水的小伙子随后被送往了市三医院抢救，我们才松了口气。"

　　由于傅大伯有高血压，为了不让老伴担心，他回家后立即换下了湿漉漉的衣服，直到警察上门了解情况，老伴才得知此事。

伍云洲：免费上门理发服务的"贴心人"

　　"什么时候能有师傅上门来理发呢？"由于行动不便，理发对于社区高龄老人和残疾人来说曾经是个大问题。社区保安伍云洲师傅看在眼里，萌生了免费为他们上门理发的想法。

　　"王阿姨，您好！我来上门给您理发了。""伍师傅，这么大热天你还跑过来，太辛苦了！""没事！都是应该做的！"伍师傅擦了把淋漓的汗水，打开工具箱，准备为王阿姨理发。王阿姨患有听力二级残疾，腿脚也不好，不便到处走动。伍师傅听说了以后，主动上门服务。

　　别看是免费理发，伍师傅对"客户"可绝不含糊。只见他半蹲着马步，眼神专注，每一个动作既熟练又细致。年轻时，伍师傅曾学过专业理发，虽然很长时间没有从事这行，但岁月并没有带走他的手艺。十几分钟后，新发型出炉了。"伍师傅，你的手艺真好，剪得又整齐又漂亮！"王阿姨对伍师傅的手艺赞不绝口。

　　平时，伍师傅的理发"摊位"摆在社区老年人日间照料中心，每月

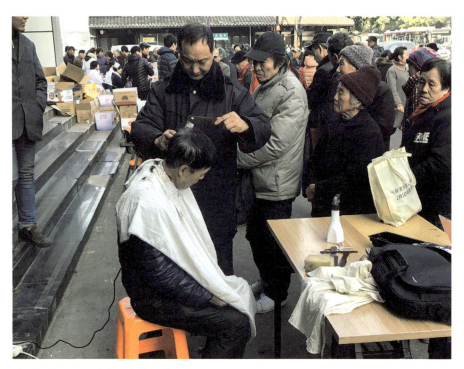

社区保安伍云洲为老人免费理发

第一周、第三周上午8:00到10:30"营业"。对于"顾客"们提出的要求，他总是先耐心地倾听，然后再开始理发。如果有残疾人或老年人想要上门服务，只要打个电话，伍师傅就立马打包工具上门服务，而且全程免费。其中有不少次理发过程中，客户家属提出要酬谢伍师傅，都被他婉拒了："我是名志愿者，为老人和残疾人服务是应该的。钱，我绝不能收。"

正是因为有许许多多像伍师傅这样的志愿者树立了榜样，传递着正能量，社区才像家一样温暖，成为居民心灵的港湾。

许月娣：你服务到老，我陪你到老

许月娣，视力四级残疾，是一名上羊市街社区残疾人自治管理服务小组长，协助做好"左邻右舍"残疾人士的管理、服务等。同时，她也是一名志愿者，她的身影常出现在地铁站、医院、鼓楼微笑亭等各个志愿服务点，服务时间长达5000余小时，并获评了2015—2016年杭州市"优秀志愿者"荣誉称号。许月娣的自强之路离不开与老伴的相互鼓励和支持。许月娣的老伴——尹淮秋，是一名肢体三级残疾的残疾人，这样的双残疾家庭却有一对热衷公益的夫妻。

许月娣在老伴的支持下，找到了同一小区的周炎珍老师，因为她是上城区志愿者鼓楼微笑驿站的负责人，许阿姨自愿要求加入到她的志愿服务队伍中。就这样，许阿姨的志愿服务之路开始了，不论刮风下雨，她总是微笑着在服务，将爱传递。更有趣的是，许阿姨自己做志愿者还不够，还顺带把她的老伴也说动了，拉着老伴一起去做志愿服务。G20峰会后马上迎来了国庆，杭州瞬间成为了旅游热搜的城市，夫妻俩更是走到了服务的前线去，为过往的游客提供咨询服务。"国庆这几天游客非常多，一出站大家都往咨询台走。这时候我们的作用可大了，能让游客觉得杭州的志愿者服务很周到，杭州确实很好。"许阿姨和老伴一起自豪地说。

许阿姨的老伴能打一手标准的太极拳，平时深藏不露，除了最亲近的许阿姨，没几个人知道。有一次，社区里的居民想学太极拳却找不到老师，在社区一打听就找到了许阿姨。"我的老伴太极拳打得很好的，他还教会了我，也很乐意教人的。"许阿姨说着就把老伴给"推销"出去了。自此，尹师傅的日常又多了一样工作——教太极拳。许阿姨通过社区还帮老伴找到了合适的场地，平日里在上城区社区学院艺术团里帮忙教教太极拳。2016年，许阿姨和老伴带领着太极拳队伍，在上城区体

许月娣（右一）参与志愿者活动

育协会举办的太极拳和太极器械比赛中获得团体第二名。

　　许阿姨作为一名社区残疾人自治管理服务小组长，在社区服务中贡献一份薄力。她平常关心邻居，看望社区里的残疾人，陪年纪大的老人们聊天，做些力所能及的事情。她是小区里的老街坊，也经常走访到居民家里了解情况，邻里之间有矛盾了，大家都会让她来评评理。有一次，家里夫妻两个吵架了，妻子因为婆婆溺爱孙子向老公抱怨，老公爱理不理，说着说着就吵起来，现场气氛很紧张。"你们听我说，不要吵了。俗话说'家和万事兴'，两夫妻低头不见抬头见，有什么事情可以坐下来好好说。"许阿姨掷地有声的话语让双方冷静了下来。在她两个小时的耐心调解下，双方达成了一致意见，丈夫和妻子同时表示会跟老人商谈这个问题。跟许阿姨二老相处久了，邻居们都喜欢有事找他们帮忙，夫妻俩也很乐意当和事佬，大家也都愿意听他俩的话。

　　许月娣说："很感谢这么多年有老伴和家人的支持与陪伴，也因为一直参与志愿服务，我才知道自己可以这么强大，不仅不需要别人帮助，还可以为那么多人解决困难。志愿服务就是累并快乐着，我享受这种生活。"

第四节　疫情无情，人间有情

2020年春节前，新冠肺炎疫情暴发。在紫阳街道党工委召开传达部署防疫工作紧急会议后，上羊市街社区党委第一时间组织召开两委会议，积极贯彻落实中央、省、市、区精神，围绕"快、严、细、准、实"工作标准，强化网格化管理责任，凝聚社会各方力量，把疫情防控工作安排布置到位。全体社区工作人员在社区党委的带领下，积极响应召唤，从春节假期的氛围中迅速调整思想状态，全部到岗到位，宣传引导，摸底排查。防疫工作开展以来，社区党委守土有责，守土尽责，以一流状态坚守战疫一线，涌现出"守护好家门"的支部书记余子良、"疫情不退我不退"的居委会委员樊建华等一批先进党员、居民群众，让党旗在上羊市街社区防疫战场高高飘扬。

守土有责，守土尽责

上羊市街社区是典型的老旧小区，有小区9个，大大小小的出入口28个。为了更好地防控，社区严格实施小区封闭式管理，每个小区只保留一个出入口，每个出入口至少确保一名社区工作者、一名保安、一名党员或志愿者，明确防控职责。要求卡口工作人员管好、管严、管紧，把出入人员排查清楚，做到人人不漏。同时发挥党员先锋岗作用，党员同志模范带头，像一颗颗钉子钉在卡点上，时时掌握各卡口动态信息，对外来人员进行信息排查，做到人员准确、上报及时、信息全面。

　　9个卡口24小时不间断轮番工作，人员需求翻三倍，但社工的力量远远不够，所以这里不得不提的是社区的邻里值班室，他们自发开展疫情防控志愿活动，筑起第一道防线。比如，值守在金狮苑10幢、11幢出入口这道防线的志愿者们，他们的平均年龄超过71岁，68岁的支部书记余子良、72岁的潘阿姨、75岁的陈阿姨、69岁的朱阿姨等10名邻里值班室的叔叔阿姨们，他们从早上7点一直轮流工作到晚上8点，有时甚至到晚上10点。尤其是支部书记余子良，他从2020年2月3日开始每天坚守岗位，从没有间断过。

　　"不为什么，只为我们这个小区，只为我们这边396户人家，只为我们这边990个人，只为大家守护好家门。"余子良如是说道。

人员排查

发动群众，当好"守护者"

疫情防控，贵在群防群治，群众不参与，疫情难根除。上羊市街社区注重发挥群众的力量，发动群众战疫，切实将防疫知识传递给每一个人。大喇叭喊起来，小喇叭动起来，横幅拉起来，宣传海报贴起来，给居民朋友的一封信发起来，抖音短视频、微信发起来，能用的宣传手段一样不落。持续的宣传之下，社区居民群众的自我防护意识不断增强，人人积极参与，严防人员流动，各种宴会、聚会、集会，宾馆、餐馆、网吧等响应号召全部暂停。有了居民群众的广泛参与，目前为止，社区没有发现一例确诊和疑似病例，社区疫情防控的坚强堡垒坚不可摧。

樊建华给社区人员测体温

社区党员志愿者樊建华就是社区的最佳宣传员，她和社区工作人员每天起早贪黑，一家一家电话联系、核对信息，不厌其烦地向小区居民宣传疫情防控知识，引导居民不信谣、不传谣，告诫居民尽量不出门、不聚集、不串门，出门一定要戴口罩。在挨家挨户宣传的同时，樊建华还战斗在中河南路卡口一线，在开展小区进出登记体温检测的同

战疫严防期间的志愿者

时也不忘宣传防疫知识。她一丝不苟的工作态度和耐心周到的服务，得到了广大居民的支持和认可。在她的动员和感召下，更多的居民群众加入到了志愿者的队伍之中。"樊阿姨，你先去吃饭，我来站。""樊阿姨，明天我几点站岗？"在樊建华值守的卡口上，这一幕幕时常出现。而在居民换下她休息的那片刻，闲不住的樊建华又开始整理卡点的快递了，她按幢、按单元分块放好。"这样居民找起来就方便很多了。"樊建华说。

"疫情不退我不退。"樊建华的心声应该代表了许许多多人的志愿宣言。

疫情无情，人间有爱

为打赢疫情防控阻击战，上羊市街社区的党员同志和居民群众积极响应党中央的号召，纷纷通过微信、到现场的方式进行捐款，捐款共计40520元。

捐款中，暖心的场景时常出现。

"我们大事做不了，捐点钱，就是想出份力。"社区第五支部书记胡畏如是说。胡畏是东南化工厂的一名退休老党员，他在电视上看到中央号召党员为疫情捐款的消息后，立即到银行取了3000元现金，亲手交到上羊市街社区党委书记邹紫娟手中。这笔捐款有着不一般的意义：这

社区防疫志愿者

社区防疫志愿者

是上羊市街社区最早收到的一笔捐款，也是上羊市街社区目前收到的金额最大的一笔捐款。

热心的朱水贞阿姨，平时参加社区活动就相当积极，这次抗疫斗争中，她也一直冲在前，战斗在一线。朱水贞没有子女，只有三姐妹相依为命，三姐妹的退休工资加起来也只能基本维持生活。2020年1月小妹的离世，让这家人雪上加霜。但在得知社区党委发出的捐款倡议后，朱水贞立马来到社区进行了捐款。"虽然我不是党员，但我也想尽自己的绵薄之力。这也是我的一点点心意，希望能帮助到那些有需要的人。"

战疫情

幕后英雄，社区"保障兵"

　　前有披荆斩棘在防控一线打仗的社区工作人员，后有疫情防控保障的牢固后盾。在这场没有硝烟的战争后方，有这样一位默默无闻、无私奉献、深受大家信赖的社区"大管家"，他就是社区协管员来金校。"哇，好香！来师傅肯定又给我们做暖心汤了。""在这么寒冷的特殊时期，能喝上一碗热乎乎的汤是件多么幸福的事啊！"在疫情期间，来金校自掏腰包，每天都会换着花样为社区工作人员与志愿者们熬上一锅美味的暖心汤，温暖每一位从前线归来的战士。"丁零零"，电话响起："下大雨了，1号岗人流量大，雨棚不够。""我去装。"话音刚落，来金校已经拿着新的雨棚走出门口。三下五除二，很快，一个雨棚装好了，熟练的技术让人称赞。小事情大奉献，为保障社区防疫物资的高效管理，来金校对街道下拨、企事业单位捐赠及需发放的防疫物资实行严格的动态管理，做好详细的入库和领用登记，每天核对入库、出库、库存物资数量，层层把关，做到账实相符。

"上羊有来师傅是我们的福分。"这是上羊市街社区工作人员及志愿者们的真实心声。古道热肠的来金校虽然没有冲在最前线，但在这场战疫中到处都能看到他忙碌的身影；没有轰轰烈烈的贡献，但他保障了社区各项工作安全有序进行，是抗疫战中当之无愧的幕后英雄。

第六篇　人文荟萃　历史厚重

　　上羊市街社区文物古迹丰富、人文荟萃：有位于杭州市河坊街、大井巷历史文化街区东部的元宝街18号胡雪岩故居，这是中国近代著名红顶商人胡雪岩的住所，建于清同治十一年（1872），建筑面积5800多平方米，从建筑到室内家具陈设，用料之考究，堪称清末中国巨商第一宅；有位于牛羊司巷16号的尚青书院；有位于杭州市抚宁巷小学内的蒋筑英纪念馆，馆内收藏的图片、文字以及实物资料翔实地呈现了蒋筑英的生平事迹，以及他对我国光学事业发展作出的卓越贡献；有位于抚宁巷66号的浙江省水利水电勘测设计院，这是一家集水利工程咨询、勘测、设计、科研、岩土工程施工、工程建设监理、工程总承包等业务于一体的大型专业勘测设计单位；有位于抚宁巷58号的杭州市建兰中学，这所全日制民办初级中学注重学生个性发展，曾获浙江省科研百强、浙江省数字校园示范学校、杭州市模范集体、杭州市文明学校、文化寻力项目基地学校等数十项集体荣誉，享誉国内。

胡雪岩故居

第一节　文化传承

尚青书院

尚青书院坐落在西子湖畔南宋皇城根下的上城区元宝街牛羊司巷16号，紧邻胡雪岩故居和中国社区建设展示中心。尚青书院占地面积500多平方米，建筑面积1000多平方米，设有"一斋两堂三坊四庭"。书院自开放以来，以强国必要强教为旨，以立德、立信、立志、立业为训，贯彻社会主义核心价值观，赋予中华优秀传统文化时代内涵，引领国学新跨跃，开创优秀文化传承新模式。

书院以南宋文化为根基，创设开放互动和浸润体验两大运营模式，

尚青书院

尚青书院内景

致力于全面提升青少年学生传统文化底蕴、人文素养，培养人文情怀，博学千年文化，推崇"新六艺"（礼艺、乐艺、书艺、手艺、茶艺、花艺），充分展示尚青印象、尚青讲坛、尚青学堂、尚青空间、尚青伙伴五大主题活动功能。

书院的原则是：公益为先、活动育人、孩子为本。面向青少年和社会，开展以国学文化为主体的中华优秀传统文化传承的实践体验和培训交流活动。

书院的教学实践得到了主管单位和社会的广泛肯定，也获得了高度赞誉：

"尚青书院传国学，少儿教育社会化"项目，被列为2016年杭州市精神文明建设具有一定影响的20项重要工作之一，入围2016年度杭州市精神文明建设十件大事候选名单。

"弘扬国学文化，传承德礼孝贤"教育项目，2017年获得中国共青团中央委员会学校部颁发的全国优秀国学教育项目。

2017年5月，尚青书院成为杭州市第七批青少年学生第二课堂活动基地。

书院入驻的社会组织有杭州市孔子研究会、杭州市老年文化交流促进会、杭州市律师协会政府法律顾问专业委员会、杭州广播电视大学

茶艺

室内环境

（杭州市民大学、杭州社区大学）等。

尚青书院内开展了各类文化活动和公益活动：

一是传承国学"新六艺"（免费体验和公益课程）。书院邀请在国学"新六艺"方面有造诣的专家为中小学生传授国学文化相关内容。书院在每个双休日坚持开展国学免费体验课和相关社团活动，向上城区乃至全市青少年推出茶艺、手艺、国学礼仪、国学诵读等免费公益培训和社团活动。

二是喜迎八方来客，传播中华文化（免费体验）。书院不定期地开展各项雅集和体验活动，邀请茶艺、手艺、书艺等方面优秀的专家授课，让大家充分领略中华优秀传统文化，深深感悟中国五千年文化的博大精深。

暑期公益活动

国学特色社团

画脸谱公益课程

插花公益课程

茶艺公益课程

围棋公益课程

舞蹈公益课程

　　三是体验国学（免费体验）。书院不定期开设国学免费体验日活动，让更多青少年学生体验国学的精髓与成长的快乐。

国学免费体验

　　四是推动暑期流动少年宫进社区。为满足社区暑期青少年活动需求，尚青书院特色课程进入社区，开展暑期公益活动。

　　五是开设青少年国学教育基地特色社团。开设国学特色社团，致力于全面提升青少年学生传统文化底蕴、人文素养，培养人文情怀，博学千年文化。

　　六是坚持国学特色公益课程。开设体验性公益课程，培养青少年的兴趣，挖掘青少年的潜质，让青少年在活动中结识志趣相投的朋友并建立深厚的友谊。国学课程的开展还结合了亲子课堂，邀请家长带着孩子一起参与，共同接受中华传统文化的熏陶。

第二节　历史遗迹

朱智故居（现为中国社区建设展示中心）

朱智，字茗笙，杭州人，清咸丰元年（1851）举人，历任工部主事、军机章京、通政使司副使、大理寺卿、太仆寺卿、兵部侍郎等。光绪七年（1881）因病免职回杭州，精研绘画，工山水，著有《枢垣记略》。他的故居在元宝街1号。

2008年，在各方的努力下，朱智故居开始修复。2009年4月，杭州市政府下文：市文保单位源丰祥茶号旧址改为朱智故居。东庭园也恢

元宝街

复原状，修葺一新。现为中国社区建设展示中心。

朱智曾出资承修六和塔。光绪年间朱智主持的六和塔修缮工程规模宏大，在残存的砖结构塔身之外，重新构筑了十三层木结构外檐廊，"其中偶数六层封闭，奇数七层分别与塔身相通，塔芯里面，则以螺旋式阶梯从底层盘旋直达顶层，全塔形成七明六暗的格局"。今天我们看到的六和塔状貌，就是那次修缮后定型的。据史料记载，朱智重修六和塔以木工为主，施工难度较高，仅搭扎施工脚手架一项，就花了三年时间。因为工程极为浩大而艰巨，进展缓慢，以至于工程尚未结束，他便一病不起。在生命的最后时刻，躺在床榻上的朱智，自知病入膏肓，仍对修塔工程念念不忘。

胡雪岩故居

胡雪岩故居，位于杭州市河坊街、大井巷历史文化街区东部的元宝街18号，系中国近代著名红顶商人胡雪岩的住所。故居建于清同治十一年（1872），建筑面积5800多平方米。胡雪岩故居从建筑到室内家具陈设，用料之考究，堪称清末中国巨商第一宅。古宅内有芝园、十三楼等亭台楼阁。其中有两顶罕见的红木官轿值得一看。1885年，煊赫荣显一时的胡雪岩在穷困潦倒与忧惧中结束了传奇的一生。1903年，胡家无奈以10万两白银将豪宅抵债给刑部尚书、协办大学士文煜，后又转让给蒋家，此后日渐破败。及至故居修复前，先后成为工厂厂房、学校和民居，故居东部的和乐堂与清雅堂更是入住居民100多户。故居长年失修，面目皆非，到处是一副破败的景象，文物建筑受到严重破坏。1999年，杭州市政府出资修复胡雪岩故居。2001年1月20日，正式对外开放。

胡雪岩（1823—1885），本名光墉，字雪岩，杭州人，祖籍安徽绩溪。少年时入杭州一钱庄当伙计，后在浙江巡抚王有龄的扶持下，自办阜康钱庄。又因力助左宗棠有功，受朝廷嘉奖，封布政使衔，赐红顶戴，紫禁城骑马，赏穿黄马褂。在其鼎盛时，胡雪岩除经营钱庄外，兼营粮食、房地产、典当，还进出口军火、生丝等，后又创办胡庆余堂国药号，成为富甲一时的红顶商人。

胡雪岩幼年时期，家境十分贫困，以帮人放牛为生。但胡雪岩贫不夭志，少年时即表现出诚信不贪的品德。小时候有一次给东家放牛，在路上拾得一个包袱，打开一看，里面尽是白花花的银子。他把牛拴在路边吃草，将包袱藏起来，然后坐在路边等待失主。几个时辰后，失主才慌慌张张地找了来，胡雪岩问清情况后，从路边草丛中将包袱取出交还给失主。这位失主原来是杭州的大客商。不久，他又来到绩溪，把胡雪岩带到杭州学做生意去了。

胡雪岩天资聪颖，勤奋好学，不谋私利，加上他胆大心细，自信诚实，很快从一个小伙计一跃而成为阜康钱庄的老板，再跃而成为徽商巨头。清咸丰十一年（1861），太平军攻打杭州时，胡雪岩从上海、宁波购运军火、粮食接济清军，获得左宗棠的信赖，被委任为总管，主持浙江全省的钱粮、军饷，使阜康钱庄大获其利，也由此走上官商之路。

清同治五年（1866），胡雪岩协助左宗棠创办福州船政局，在左宗棠调任陕甘总督后，主持上海采运局局务，为左宗棠大借外债，筹供军饷和订购军火。又依仗湘军权势，在各省设立阜康银号20余处，并经营中药、丝茶业务，操纵江浙商业，资金最高达2000万两以上，是当时的"中国首富"。后获得慈禧亲授的红顶戴和黄马褂。

作为一名商人，他被御赐二品顶戴，被赏黄马褂，这在中国历史上

胡雪岩故居

是罕见的。但就是这样一位已名利双收、事业有成的人，却在几天之内垮掉了，他的事业也随之走到了尽头。胡雪岩生意的失败是由于他野心过大，急于扩充，出现决策性失误，试图垄断江浙生丝出口生意，从而激怒洋商，生丝销不动使钱庄因缺乏流动资金而被挤兑，致使其经营的生丝铺、公济典当、多家胡庆余堂等纷纷关闭。而导致胡雪岩生意失败

胡雪岩故居

的另一重要的原因是政治敌人的打击。

胡雪岩虽聪明一世，与官场人物交往甚密，但最后却因为不谙官理、刚愎自用、不懂变通而成为左宗棠与李鸿章政治斗争的牺牲品，成为李鸿章排左先排胡、倒左先倒胡策略的牺牲者，实在令人为之扼腕叹惜。导致胡雪岩资金链断裂的，还有席正甫。此人是清朝金融买办的缔造者，他为汇丰银行工作。胡雪岩陷入的是国外金融资本势力和国内金融买办势力的内外夹击，其失败在战略上早已无可挽回。

胡雪岩破产后，把所有的姨太太都叫到跟前，每人给了几百两银子，让她们另找归宿。同时，他还把债主们划了三个等级：有权的、当官的为一等，这些人得罪不起，银子要及时还；生活过得贫困的为三等，三等债主每月几两银子要还他们的；最后就是二等了，他们的银子每月要还100两，同时他们也不愁这银子过日子，可稍缓。留在胡氏身边的，除了正房还有一个九姨太。为什么留九姨太呢？"九"同"久"一个音，预意长长久久。靠着胡庆余堂的微薄收入，胡雪岩凄凉地度过了他的晚年，于清光绪十一年（1885）黯然离世。

古井

与元宝街相连接的牛羊司巷里，有一口义井保存得最为完整。井圈上小下大，井台用石板铺成，靠墙还砌了一排护墙石板，井圈上镌刻的"牛羊司巷义井"六个字较为显眼。南宋时期，牛羊司为管理皇帝用膳和祭祀用牲口的专职机构，小巷也因此得名。转入金钗袋巷，沿街相隔不过数米远的两口义井处，仍有许多居民拿着脸盆聚在一起洗衣服。上羊市街社区目前进行保护的有8口井，每季度都对井周围的下水管道进行排污冲洗，以防止水管混接处的浑浊物影响水质，还做了大量的宣传工作，发动年轻人一起保护。

牛羊司巷义井

井边洗衣

望仙桥

　　早先，杭州鼓楼附近有一座无名的小石桥，关于小石桥有一个传说。据传，早期桥边有个专治烂疮脓包的外科郎中。他宽额角，粗眉毛，高鼻梁，阔嘴巴，黑脸上长满络腮胡须；两腿生烂疮，一脚高一脚低的，是个跷拐儿。他在桥边撑一柄大布伞，摆一只破药箱，白天坐在大伞下行医，夜晚就躺在药箱上睡觉。

　　起先，人们看他这副样子，都不信他真能治病。后来，有一个烂脚烂了三年的人，到处治不好，想碰碰运气看，就到大布伞下面来找他医治。不料他给了一张狗皮膏药，三天工夫就把那人的烂脚治好了。消息传开后，到大布伞下面来求医的人便渐渐多起来。这郎中就用这一种狗皮膏药，治好了许多人的陈疮烂毒。这一来，他的名气很快就轰动了杭州城。大家还送他一个外号，叫他"赛华佗"。

赛华佗出了名，杭州好些挂牌的名医高手和药铺老板的生意便清淡了。他们气不过，就聚拢来商量，大家凑一千两银子送给知府，要求把赛华佗赶出杭州去。

知府受了贿赂，便差衙役去把赛华佗抓来。

知府把惊堂木一拍，喝道："混蛋！见了本府怎不跪下！"

赛华佗冷冷地回答说："我是个跷拐儿，膝盖骨硬啦，从来不跪的。"

知府又一拍惊堂木："你叫啥名字？从哪里来的？"

赛华佗说："我没有取过名字，不过杭州百姓送我一个外号，叫我赛华佗。从哪里来，我倒记不灵清啦！"

知府眼珠一转，就哈哈大笑起来："好一个赛华佗！亏你自己说得出口！你既有赛华佗的本事，为啥不先把自己的烂脚治治好呀？"

这时，知府只觉得背脊上有什么东西在爬动，痒得难熬，急忙伸手到衣裳里去摸，却摸不到什么。只见赛华佗冲着他哈哈大笑道："知府大人哪，你真是聪明一世，糊涂一时！世上各行各业顾得了别人顾不了自己的该有多少！盖屋的为啥住茅草房？养蚕的为啥穿破衣裳？种谷的为啥饿肚肠？管盗贼的官府又为啥要在暗地里贪赃？这些你怎么不问一问、管一管啊？"

知府被赛华佗问住了，回不出话来，就把惊堂木拍得震天响，大叫："掌嘴！把他关进死囚牢里去！"知府退了堂，觉得背脊上那地方痒得更厉害了，脱去衣裳叫人看看，原来是起了个小硬块。这小硬块越抓越痒，越抓越大，过了半个时辰，就变成一颗疔疮，疼得他滚在床上大喊大叫。师爷得知了，进来对知府说："老爷，我听说那赛华佗倒真是个治疗疮的好手哩！叫他来给你治一治吧，等治好疗疮再惩治他也不迟呀！"

知府疼不过，只得差人到牢监里去把赛华佗叫来。赛华佗看过知府背脊上的疗疮，就给他贴上一张狗皮膏药。

哪知过了一夜，知府背脊上的疗疮不但不见好，反而越肿越大，烂得流脓流血，隔着三重大门都闻到了臭味。知府恨死了，天不亮就差人到牢监里去把赛华佗抓来，大吼道："我背脊上的疗疮疼得更厉害啦，一定是你在膏药里放了毒！"

赛华佗说："不要忙，不要忙，让我仔细看看疗疮再说。"说着，

望仙桥

便揭起膏药，细细看了一回，皱皱眉头说："这疔疮口子小，里面大，从里面烂出来的，叫作'穿心烂'，是无药可救的。因为你平常做事太狠毒，不讲良心，所以得了这个毛病，和我的膏药毫不相干！"

听赛华佗这么一说，知府又是气又是急，大喊大叫："砍他的头！砍他的头！"过了一会儿，他上气不接下气，翻翻白眼，就呜呼哀哉了。

师爷照着知府临死吩咐的话，给赛华佗安上个"妖言惑众"的罪名，押赴刑场问斩。

赛华佗被押上刑场的途中，走过他曾撑大伞、摆药箱的小石桥。周围的老百姓见他受了冤枉，都围拢来说长道短，一下子把道路都塞住了。赛华佗朝大家说："乡亲们啊，官府老爷硬要送我归天去，我不走也得走啦！"说着，他一纵身跳下桥去。扑通一声，河面上水花四溅，漩涡儿咕噜噜转，忽地冒起一股青烟来，赛华佗站在空中朝人们点头招手，随着青烟一直飘上天去了。

人们都说，赛华佗是个神仙。大家忘不了他，四时八节总有人要到这座小石桥去祭拜，盼望他再回来给大家治病。时间一久，这座小石桥就被叫成了"望仙桥"。

元宝街

下袁井巷与金钗袋巷之间有一条元宝街，为杭城唯一留存至今的古石板路。

整条街东、西两端低，中间高，呈弓形。中间横铺石板120余块，每块长1—2.2米，宽70—90厘米，厚8—10厘米；两侧为直铺石板，每块长1.5米左右，宽30—50厘米不等。元宝街全长210米，

元宝街

路宽2.5—3.5米。元宝街之名由来：一说是因元代省府富藏库在此；一说是巷内两侧高墙如元宝之两翼，中间石板路光滑如元宝心，以状取名。

第三节　崇学新知

蒋筑英纪念馆

蒋筑英纪念馆位于杭州市抚宁巷小学内。馆内收藏的图片、文字以及实物资料翔实地呈现了蒋筑英的生平事迹，以及他对我国光学事业发展作出的卓越贡献。同时，馆内的科技基地还陈列了魔幻球、机器人等各式各样的科技展品，参观者可以亲手操作，体验科技的魔力。

蒋筑英（1938—1982），1938年出生于杭州市一个旧职员家庭。新中国成立后，他和身边的孩子们一样在红旗下幸福地成长。1956年，蒋筑英以优异的成绩考入北京大学物理系，靠着助学金完成自己的学

蒋筑英纪念馆

业。这期间，除了学好专业课外，聪明的他同时还学习掌握了英、俄、德、日、法五门外语。在大学期间的十个寒暑假，他有八个都是在图书馆度过的。

1962年大学毕业前夕，想念儿子的母亲来信催他回上海或杭州工作。但一心想着事业的他却毅然违背了母亲的劝阻，选择了当时中国最大的光学基地——东北长春，他希望能和最著名的光学科学家们一起，填补中国光学研究领域的空白。

来到长春的蒋筑英，如愿成为中国科学院长春光学精密机械研究所所长、著名光学科学家王大珩的研究生。而导师王大珩也很快看出，自己这个学生质朴、正直、勤奋，判定了他就是块璞玉，经过雕琢必然会放出奇光异彩。随后，根据导师的指点，蒋筑英选定了光学传递函数这一开创性研究课题。从此，他光辉传奇的命运也正式铺展开来。

1965年，年仅27岁的蒋筑英便在同事们的帮助下，建立起了我国第一台光学传递函数测量装置，建成了国内第一流的光学检测实验室。这令当时的日本学者们惊叹不已。此后，他又设计了中国第一台电子分色机，先后解决了国产镜头研制工作中的许多关键性技术难题。20世纪70年代，我国彩色电视的复原技术十分落后，导致颜色严重失真。蒋筑英就与导师王大珩一起攻关，提出了彩色复原质量问题的新方案，最后攻克了这一技术难关。其撰写的《关于摄影物镜光谱透过率》论文，对中国的电影电视业具有重要指导意义。

虽然蒋筑英在专业研究领域的成绩非常突出，但他一直有一个遗憾，因家庭出身原因，一直解决不了入党问题。尽管如此，但这丝毫没有动摇蒋筑英对党的坚定信念。在长春光学精密机械研究所的二十年中，他从一名学生成长为一名副研究员，一直无怨无悔、勤勤恳恳地工作。在工作之余，他还利用自己掌握的五门外语，翻译了大量外国资料，但从不占为己有。研究所评职称、分房子、提工资，他都多次主动让给别人。虽然他无一官半职，但却比普通干部更关心群众的疾苦，还得了个"不管部长"的称号。

蒋筑英纪念像

　　1982年6月，为了帮助一位家有急事的同事，蒋筑英忍着腹部的疼痛到成都出差。在飞抵成都的当晚，他就召集了验收组的人员开会到深夜11时。次日一大早，他又两次换乘公共汽车，步行了三段路程到达某工厂，忍着病痛开展工作。直至6月14日深夜，实在无法忍受腹痛的他才被送进医院。经医生诊断，长期积劳成疾的他，已患有化脓性胆管炎、败血症、急性肺水肿等多种疾病。6月15日下午5时3分，蒋筑英终因抢救无效去世，终年44岁。

　　在蒋筑英去世后，他终于如愿被追认为光荣的中国共产党党员，国务院追授他为全国劳动模范，聂荣臻元帅称赞他是"知识分子的优秀代表"。

　　如今，在蒋筑英的母校杭州抚宁巷小学教学楼内，有一个特殊的教室，它就是蒋筑英纪念馆。每当有新生入学时，所有的孩子都会记住一个值得他们骄傲一生的响亮名字——蒋筑英。

浙江省水利水电勘测设计院

浙江省水利水电勘测设计院位于抚宁巷66号，创建于1956年2月21日，原名为浙江省水利厅勘测设计院。1960年1月，浙江省电力工业厅设计室并入浙江省水利厅勘测设计院，成立浙江省水利电力厅勘测设计院。1961年5月，改称为浙江省水利电力勘测设计院。1978年5月，更名为浙江省水利水电勘测设计院，并沿用至今。它是一家集咨询、勘测、设计、科研、岩土工程施工、工程建设监理、工程总承包、项目代建、水库蓄水安全鉴定、施工图设计审查和投资等业务于一体的大型专业勘测设计单位。现有职工1300余人，专业技术人员占90%，博士、硕士和国家注册工程师、教授级高工及高级工程师近半。20世纪80年代以来，设计院共获得各类科技进步、科技咨询、勘测设计等奖项410余项，其中国家级30余项，省部级230余项。

浙江省水利水电勘测设计院

建兰中学

杭州市建兰中学原为杭州第二中学，于1995年创建，是一所全日制民办初级中学。2000年，移交上城区教育局管理后更名为杭州市建兰中学。2010年，办学体制从国有民办调整为纯民办。2011年9月，抚宁巷58号新校区改扩建完成，学校占地面积30640平方米，建筑面积39400平方米。至2015年，学校共有39个班，在校学生数1677人。教职员工170名，其中高级教师47名，省特级教师2名，区特级教师3名，市级学科带头人3名，市教坛新秀26名。学校注重学生个性发展，提出"适性教育，呵护学生的无限发展可能"的教育理念，以"一世正气公民，一域博识学者，一代国家栋梁"为教育目标。学校曾获浙江省科研百强、浙江省数字校园示范学校、杭州市模范集体、杭州市文明学校、文化寻力项目基地学校等数十项集体荣誉，享誉国内。

建兰中学

后 记

我们很高兴参与"杭州社区文化家园建设丛书"（第二辑）的采写工作，虽然时间紧任务重，我们各自的日常工作又很忙，但我们还是千方百计抽出时间，广泛收集资料、仔细阅读、整理分类，在不长的时间里，拟出写作提纲，征求上城区文明办领导、紫阳街道领导和社区工作人员意见。写作提纲确定之后，我们即着手写作，其间恰逢春节，年前年后各自的工作特别多，只能挤时间写作。后来又遇到了新冠肺炎疫情，好在我们已经有了采写第一辑"杭州社区文化家园建设丛书"的经验，整个采写过程比较顺利。感谢杭州市文明办的信任，把这样一个重要任务交给我们；感谢范卫东、薛晓渝、黄涌泉、蒋晓伟、汪菁、沈伟霞、魏天真、郭佳、夏衍、邹紫鹃、赖婧等对采写工作的支持和帮助；感谢杭州出版社尚佐文副总编、齐桃丽主任等给予的指导。正是有了大家的关心、帮助和支持，才使得我们能够完成这个重要的写作任务。

张翼飞　吴凌雁

2020年7月